초등학생이 꼭 읽어야 할

WOW
와우

5000년
한국여성위인전
②

초등학생이 꼭 읽어야 할
WOW 5000년 한국여성위인전 ❷

2011년 5월 2일 초판 6쇄 발행 | 2020년 10월 12일 개정판 2쇄 발행

엮은이 신현배 | **그린이** 홍영지 | **펴낸이** 장진혁 | **펴낸곳** 형설출판사(형설아이)
주소 경기도 파주시 회동길 37-23 | **전화** (031) 955-2371, (031) 955-2361
팩스 (031) 955-2341 | **등록** 102-98-71832 | **홈페이지** www.hipub.co.kr
공급 형설출판사

ISBN 978-89-6142-049-5 64990
ISBN 978-89-6142-047-1 (세트)

ⓒ 신현배 2020 Printed in Korea

※ 잘못된 책은 구입하신 곳에서 바꾸어 드립니다.
  이 책의 내용을 쓰고자 할 때는 저작권자와 출판사의 허락을 받아야 합니다.

초등학생이 꼭 읽어야 할

WOW
와우

5000년 한국여성위인전 ②

형설아이
Children's books

머리말

　5000년 우리 역사를 돌아보면 많은 사건들이 있었고, 그 사건의 현장에는 늘 중요한 인물들이 있음을 알 수 있습니다. 이들은 역사에 큰 발자취를 남겼으며, 오늘날에는 위인이라 불리고 있습니다.

　그런데 우리 위인전을 보면 남성 위인이 대부분이고 여성 위인은 몇 사람 되지 않습니다. 그것은 왜 그럴까요? 역사의 사건 현장에는 틀림없이 여성들이 있었고, 남성 못지않게 역사에 큰 발자취를 남긴 여성도 적지 않은데 말입니다.

　그 이유는 5000년 우리 역사가 남성 중심으로 이어져 왔으며, 여자라는 이유만으로 억압과 차별 대우를 하고, 정당한 평가를 하지 않았기 때문입니다. 그러다 보니 역사의 주인공은 대부분 남성 위인이 될 수밖에 없었고, 대부분의 여성 위인은 역사 속에 묻혀 있어야 했습니다.

　그러나 우리 역사에는 임금, 왕비, 공주, 문학가, 사업가, 의사, 변호사, 신문 기자, 예술가, 학자, 의병대장·독립 운동가, 사회 사업가·농촌 운동가, 종교인, 비행사 등 다양한 분야에 걸쳐 많은 여성 위인들이 활약했습니다. 이들은 주변인으로 머물러 있는 대신 남성이 지배하는 사회에서 남성과 당당하게 맞서, 불굴의 노력으로 자기 분야에서 자신의 꿈을 이루었기에 더욱 훌륭합니다.

'사람은 역사를 만들고, 역사는 인물을 만든다.' 라는 말이 있듯이, 위인은 자기 분야에서 역사를 만든 사람입니다. 자신이 정말로 좋아하는 일을 찾아, 피땀어린 노력과 불굴의 의지로 남다른 업적을 남긴 것이지요.

이들에게는 배울 점이 참 많습니다. 이들은 자기 자신보다는 나라를 먼저 생각했으며, 어떤 어려움이 있더라도 좌절하지 않고 그것을 이겨 냈습니다. 또한 불의와 타협하지 않고 언제나 정의의 편에 섰으며, 자신의 재주를 갈고 닦는 데 게을리하지 않았습니다. 어린이 여러분도 이런 위인들을 본받아 자신의 꿈을 이루어 나갔으면 합니다.

이 책은 5000년 우리 역사에 길이 남을 여성 위인 30명을 가려 뽑아, 그 생애와 업적을 분야별로 나누어 소개한 책입니다.

제1권에서는 임금, 왕비, 공주, 문학가, 사업가, 의사, 변호사, 신문 기자를, **제2권**에서는 예술가, 학자, 의병대장·독립 운동가, 사회 사업가·농촌 운동가, 종교인, 비행사를 다루었습니다.

아무쪼록 이 책을 통해 역사에 대한 흥미와 관심을 갖고, 남성과 여성이 함께 이끌어 가는 새로운 역사의 주인공이 되시기 바랍니다.

엮은이 신현배

차례

●●● **예술가** 편

신사임당 / 우리나라 제일의 여성 화가 ········· 8
윤심덕 / 우리나라 최초의 여성 성악가 ········· 24
이월화 / 한국 영화 초창기 최고의 여배우 ········· 38
박녹주 / 우리나라 제일의 판소리 명창 ········· 54
최승희 / 한국이 낳은 세계적인 현대 무용가 ········· 66

●●● **학자** 편

임윤지당 / 우리나라 최고의 여성 학자 ········· 84
강정일당 / 남편에게 충고를 아끼지 않은 조선의 실학자 ········· 100

●●● **의병대장 · 독립 운동가** 편

윤희순 / 의병 노래를 지어 부른 여성 의병대장 ········· 114

남자현 / 한국 독립군의 어머니 ········· 136

김마리아 / 항일 독립 운동에 평생을 바친 애국 지사 ········ 152

유관순 / 나라 위해 몸 바친 애국 소녀 ········ 172

●●● 사회 사업가 · 농촌 운동가 편

백선행 / 전 재산을 사회에 되돌린 사업가 ········ 180

최용신 / 농촌 계몽에 앞장선 '인간 상록수' ········ 194

●●● 종교인 편

강완숙 / 한국 천주 교회의 첫 여성 순교자 ········ 210

●●● 비행사 편

박경원 / 일제 시대 전설적인 여자 비행사 ········ 228

예술가 편

여성위인전

우리나라 제일의 여성 화가

신사임당

1504~1551, 조선 시대 중기의 화가로, 율곡 이이의 어머니이기도 하다. 강원도 강릉 북평 마을 오죽헌에서 아버지 신명화와 어머니 이씨 부인의 둘째 딸로 태어났다. 4세 때부터 글공부를 시작하여 유교 경전과 한학을 배웠으며, 시·그림·글씨·자수·바느질에 이르기까지 여러 방면에 비상한 재주를 보였다. 그 중에서도 그림이 뛰어나 포도, 풀, 벌레, 매화, 난초, 산수 등을 잘 그렸다. 19세 때 이원수와 결혼하였으며 33세 때 율곡 이이를 낳았다. 어진 어머니이면서 착한 아내인 현모양처의 본보기로 그 이름이 높다. 4남 3녀를 저마다 개성에 맞게 키웠으며 남편을 잘 도와주었다. 48세에 세상을 떠나 파주 두문리 자운산 기슭에 묻혔다.

"**어머나,** 가엾어라. 개미들이 메뚜기를……."

일곱 살 소녀 인선이는 집 앞마당에서 놀다가 저도 모르게 소리쳤습니다. 개미 떼가 죽은 메뚜기 한 마리를 뜯어먹는 것을 우연히 본 것입니다.

"저리 비켜! 너희들은 메뚜기가 불쌍하지도 않니?"

인선이는 메뚜기에게 달라붙은 개미들을 쫓았습니다.

메뚜기를 마당 한 귀퉁이에 서 있는 복숭아나무 밑으로 옮겼습니다.

그리고는 그 자리에 메뚜기를 고이 묻어 주었습니다.

인선이는 바로 신사임당의 어릴 적 이름입니다.

현모양처(어진 어머니이면서 착한 아내)의 본보기로 그 이름이 높은 신사임당은, 1504년(연산군 10년) 10월 29일 강원도 강릉 북평 마을 오죽헌에서 태어났습니다. 아버지 신명화와 어머니 이씨 부인의 다섯 딸 가운데 둘째 딸이었습니다.

  신사임당은 어려서부터 총명하고 재주가 많아 부모님의 사랑을 독차지했습니다. 이미 네 살 때부터 글공부를 시작하여 유교 경전과 한학을 배웠으며, 시·그림·글씨·자수·바느질에 이르기까지 여러 방면에 비상한 재주를 보였습니다.

  그 중에서도 가장 빼어난 솜씨를 발휘한 것은 그림이었습니다. 신사임당은 일곱 살 때부터 그림 공부를 시작했는데, 처음에는 화가 안견의 산수화를 본떠 그렸습니다. 신사임당의 그림을 본

사람들은 진짜 안견의 그림으로 착각할 정도였습니다.

신사임당은 포도·풀·벌레·매화·난초·산수 등을 잘 그렸습니다. 특히 벌레 그림은 마치 살아 움직이는 듯하여, 이런 이야기가 전해집니다.

경종(1688~1724) 때의 문신인 송상기는 〈옥오재집〉이란 책에서 말하기를, 자신의 일가친척 한 분이 신사임당 그림(벌레 그림) 한 점을 갖고 있는데, 한여름에 볕을 쪼이려고 마당에 그림을 널어놓았답니다. 그러자 닭이란 놈이 다가오더니, 진짜 벌레인 줄 알고 그림을 쪼아 종이에 구멍이 났다는 것입니다.

신사임당의 처녀 시절에는 또 이런 이야기가 전해집니다.

하루는 신사임당이 마을 잔칫집에 초대받아 갔습니다.

신사임당은 마을 처녀들과 함께 음식을 들며 이야기꽃을 피웠습니다. 그런데 잔치가 거의 끝날 때쯤이었습니다. 부엌에서 젊은 색시 하나가 뛰어나오더니 울상을 지었습니다.

"어머, 난 몰라! 치마를 버렸어!"

신사임당은 젊은 색시를 돌아보았습니다. 색시가 입고 있는 다홍치마가, 찌개 국물로 더럽혀져 있었습니다.

색시는 신사임당이 잘 아는 이웃 사람이었습니다. 잔칫집에 오느라 친구의 다홍치마를 빌려 입고 왔던 것입니다.

가난한 색시의 딱한 사정을 전해들은 신사임당은 색시를 데리고 집으로 왔습니다.

 신사임당은 색시에게 치마를 벗으라고 했습니다. 색시는 영문을 몰라 어리둥절한 표정을 지었습니다.

 "걱정하지 말아요. 저에게 좋은 방법이 있으니까."

 색시가 치마를 벗어 주자, 신사임당은 방바닥에 치마를 펼쳐 놓았습니다. 그리고는 붓으로 먹물을 듬뿍 찍어 치마에 포도 그림을 그렸습니다.

 색시는 신사임당이 시키는 대로 그 치마를 시장에 내다 팔았습니다. 다홍치마 열 벌을 사고도 남을 값을 받고, 색시는 입이 함박만 해졌다고 합니다.

 신사임당이 남긴 그림들 가운데 가장 뛰어난 것은 풀과 벌레 등을 그린 〈초충도〉입니다. 지금 국립 중앙 박물관에 있는 〈초충도〉는 지본 채색화(종이에 채색으로 그린 그림)인데, 모두 여덟 폭에 여러 가지 동식물과 곤충 그림이 그려져 있습니다.

 제1폭 〈수박과 들쥐〉에는 수박과 들쥐뿐 아니라 나비, 나방, 패랭이꽃이 나옵니다. 두 마리의 들쥐가 수박을 파먹는 장면이 인상적입니다. 제3폭 〈오이와 개구리〉에는 오이, 강아지풀과 함께 개구리, 땅강아지, 벌 등이 등장합니다. 땅강아지를 노리고 조심조심 다가가는 개구리의 모습이 흥미롭습니다. 이처럼 전 화폭에는 자연 생태계의 모습이 그대로 담겨 있습니다. 이러한 그림은 신라 시대부터 내려오는 전통적 자연관을 담은 작품으로서, 우리나라 미술사에서 차지하는 비중이 매우 큽니다.

그래서 어느 평론가는 신사임당을 '조선 중기의 대표적인 여성 화가'가 아니라 '조선 중기의 대표적인 화가'로 재평가해야 한다고 밝히기도 했습니다.

신사임당은 19세 때 시집을 갔습니다. 신랑은 자기보다 세 살이 많은 '이원수'란 청년으로, 한성 사람이었습니다.
강릉에서 혼례를 치른 뒤, 신사임당의 아버지는 사위를 불러 앉혀 놓고 말했습니다.
"자네에게 다짐을 받아야겠네. 내게 딸이 다섯이 있지만, 둘째 딸아이만큼은 곁에 두고 싶으이. 미안하지만 자네가 이해를 해 주게."
이원수는 장인의 부탁을 거절할 수가 없었습니다.
"좋으실 대로 하십시오."
그는 혼자서 한성으로 돌아갈 수밖에 없었습니다.
그런데 그로부터 몇 달 뒤, 신사임당의 아버지가 갑자기 세상을 떠나 버리고 말았습니다.
신사임당은 3년상을 마칠 때까지 강릉에 머물러 있었습니다.

아버지의 3년상을 치른 후에 신사임당은 비로소 한성으로 올라가 처음 시어머니께 인사를 드렸다고 합니다.

한편으로는 이런 이야기도 전해 옵니다.

혼례를 치르고 신사임당은 남편에게 다음과 같은 제안을 했다고 합니다.

"서방님, 우리, 10년 뒤에 다시 만나요. 그동안 당신은 열심히 학문을 닦으세요. 그래서 꼭 성공해 돌아오세요."

신사임당은 남편을 큰 인물로 만들고 싶은 마음에 그런 제안을 한 것입니다.

이원수는 부인과 10년 뒤에 만날 것을 약속하고 길을 떠났습니다. 그는 한성을 향해 발걸음을 옮겼습니다.

그러나 처가를 떠난 지 한 시간도 못 되어 이원수는 마음이 약해지기 시작했습니다. 아리따운 신부의 얼굴이 눈에 아른아른 떠오르는 것이었습니다.

'아내가 벌써 그리워지니 앞으로 10년 동안 어찌 혼자 산단 말인가?'

이원수는 오죽헌에서 20리쯤 되는 성산까지 갔다가, 걸음을 멈추고 말았습니다.

'되돌아가자. 아내와 하룻밤 더 지내고 내일 떠나는 거야.'

이원수는 이렇게 마음먹고 날이 어두워지기를 기다렸습니다.

신사임당은 남편이 되돌아오자 긴 한숨을 내쉬었습니다.

이원수는 낙심한 아내를 바라볼 면목이 없었습니다. 그래서,

"하루만 더 있다 갈 테니 염려 마시오."

하고 힘없이 말했습니다.

다음 날 아침, 이원수는 마음을 다잡아 출발했습니다. 그는 대관령 밑에 있는 가맛골까지 갔습니다. 강릉에서 30리 거리였습니다.

그러나 더 이상 나아가지 못하고 또다시 처가로 되돌아오고 말았습니다.

그 다음 날도 마찬가지였습니다. 전날보다 10리 더 가고 발길을 돌려야 했습니다.

둘째날까지 아무 말이 없던 신사임당은, 셋째날 마침내 입을 열었습니다.

"서방님, 사내대장부가 뜻을 세웠으면 끝까지 밀고 나가야지요. 사흘을 잇달아 되돌아와서야 장차 무슨 일을 하시겠습니까?"

"미안하오. 나도 어쩔 수 없었소. 집 대문만 나서면 당신이 보고프고 그리워져서 발길이 떨어지지 않는단 말이오. 한시도 견디지 못하고 이 모양인데, 어찌 10년을 떨어져 지내겠소. 나는 이제부터 당신 곁을 떠나지 않을 테니 그리 아시오. 공부도 당신 곁에서 하겠소."

신사임당은 남편의 말을 듣고 절망감을 느꼈습니다. 이렇게 의지가 약해서야 어떤 일이고 잘할 수 있겠습니까?

그러나 신사임당은 이를 악물었습니다.

'이대로 물러설 수 없어. 서방님의 버릇을 고쳐 놓아야 돼.'

이렇게 다짐한 신사임당은 별안간 반짇고리에서 가위를 꺼냈습니다.

"서방님, 저와의 약속을 헌신짝 버리듯 하신다면 저는 이제 희망이 없습니다. 이 자리에서 머리를 자르고 비구니가 되든가, 아니면 스스로 목숨을 끊겠습니다."

말을 마친 신사임당은 가위를 머리에 가져갔습니다.

"부인, 부인!"

이원수는 기겁하여 신사임당에게 달려들었습니다. 그 손에 쥔 가위를 간신히 빼앗고는,

"부인, 참으시오. 내가 잘못했소. 한 번만 용서해 주시오. 날이 밝는 대로 한성으로 가서 학업에만 전념하리다. 정말이오, 믿어 주시오."

하고 거푸 맹세를 했습니다.

이원수는 새벽닭이 울 때까지 아내를 설득하느라 비지땀을 흘리고는, 서둘러 길을 떠났습니다.

이원수는 곧장 한성으로 올라갔습니다. 그리고 아내와 약속한

대로 학업에 열중했습니다.

하지만 이원수는 겨우 3년을 채우고, 아내를 찾아 도로 강릉으로 내려갔다고 합니다.

아무튼, 남편을 따라 한성으로 온 신사임당은, 얼마 뒤 시댁 고향인 경기도 파주 율곡리에서 살기도 하고, 한때는 강원도 평창에서 살기도 했습니다.

신사임당이 셋째 아들 율곡 이이를 낳은 것은 33세 때입니다. 강릉 오죽헌에서 율곡을 낳던 날 밤 신사임당은 꿈을 꾸었는데, 검은 용이 동해 바다에서 날아와 방문 앞에 머물다 갔다고 합니다. 그래서 그 방을 '몽룡실'이라 부르고, 율곡을 어렸을 때 '현룡'이라 부르게 되었답니다.

신사임당은 어머니에 대한 효심이 지극했습니다. 한성에 살면서도 늘 강릉에 있는 어머니를 그리워하여 눈물을 지었습니다.

신사임당이 남긴 시 중에는 이런 것이 있습니다.

늙으신 어머님을 고향에 두고
외로이 한성 길로 가는 이 마음
돌아보니 북촌(북평)은 아득도 한데
흰 구름만 저문 산을 날아 내리네.

이 시는 신사임당이 38세 때 지은 작품입니다.

이 즈음 신사임당은 한성 수진방(지금의 수송동과 청진동)으로 이사해 살았는데, 어느 날 여섯 살짜리 율곡을 데리고 친정에 왔다가 한성으로 가는 길에 대관령 고개 마루에서 북평 친정을 내려다보며 읊은 것입니다.

또한 다음과 같은 시도 전해집니다.

> 산 첩첩 내 고향 천리언마는
> 자나 깨나 꿈속에도 돌아가고파
> 한송정 가에는 외로이 뜬 달
> 경포대 앞에는 한 줄기 바람
> 갈매기는 모래톱에 헤어졌다 모이고
> 고깃배들 바닷길을 동서로 오가네.
> 언제나 고향 땅에 다시 돌아가
> 색동옷 입고 앉아 바느질할고.

뒷날 율곡은 어머니를 회상하며, '어머니께서는 평상시에 늘 강릉 친정을 그리워하셨다. 밤이 깊어지면 혼자 눈물을 흘리셨으며, 어떤 날은 밤을 하얗게 새우시기도 하셨다.'고 밝혔습니다.

한편, 신사임당은 어진 어머니로서 자녀들을 훌륭하게 키웠습니다. 평소에 '자녀들은 각자의 소질, 능력, 취미에 맞춰 돌봐 줘야 큰 인물로 양육할 수 있다'는 교육관을 갖고 있던 신사임당은, 4남 3녀를 저마다 개성에 맞게 키웠습니다.

큰딸 매창은 '작은 사임당'이라 불릴 만큼 시·글씨·그림·바느질·자수에 뛰어난 재주를 보였으며, 셋째 아들 율곡은 큰 학자가 되었습니다. 그리고 넷째 아들 우는 큰딸 매창과 함께 어머니의 예술적 재능을 물려받아, 거문고·글씨·시·그림에 빼어난 솜씨를 발휘했습니다.

신사임당은 이처럼 어진 어머니의 역할을 다하였을 뿐 아니라, 착한 아내로서 남편을 잘 도와주었습니다. 신사임당은 남편이 잘못된 길로 나아가지 않도록 조언을 아끼지 않았습니다.

그 무렵 남편 이원수는 우의정 이기의 집을 안방 드나들 듯 하고 있었습니다. 이기는 윤원형 등과 손잡고 을사사화를 일으킨 인물인데, 이원수에게는 5촌 아저씨였습니다.

신사임당은 이 사실을 알고 남편에게 말했습니다.

"서방님, 요즘 우의정 댁에 자주 발길을 하신다면서요? 이번 기회에 아예 발길을 끊으십시오."

"아니, 뭐가 잘못됐소? 5촌 아저씨 댁인데……."

"아무리 같은 문중이라도 옳고 그른 것은 분명히 해야 합니다. 우의정이 어떤 분입니까? 어진 선비들을 모함해 죽이고 권좌에 오른 분 아닙니까? 불의하게 얻은 권세는 절대 오래 가지 못할 것입니다."

이원수는 아내의 권고를 받아들였습니다. 그리하여 그 뒤부터는 이기의 집에 발을 들여놓지 않았습니다.

과연 신사임당은 선견지명(닥쳐올 일을 미리 짐작하는 밝은 지혜)이 있었습니다. 뒷날 남편만은 이기 때문에 화를 당하는 일이 없었던 것입니다.

1551년 초여름 이원수는 수운 판관이 되었습니다. 수운 판관은 세금으로 바치는 곡식을 한성으로 실어 나르는 일을 맡아 보는 종5품 벼슬이었습니다. 비록 높은 벼슬은 아니었지만, 이원수가 이 정도 벼슬을 하게 된 것도 순전히 아내 덕이었습니다. 내조의 힘이 컸던 것입니다.

그 해 봄에 수진방에서 삼청동으로 이사를 했던 신사임당은, 수운 판관으로서 임무를 맡아 평안도 지방으로 출장을 떠나는 남편을 배웅했습니다. 이 출장길에는 맏아들 선과 셋째 아들 율곡이 따라갔습니다.

이들 일행은 평안도로 가서 세금으로 거둔 곡식들을 배에 실었습니다. 그리고 한성을 향해 출발했습니다.

이 즈음 신사임당은 덜컥 병이 나 버렸습니다.

그래서 꼼짝 못하고 앓아누워 있었습니다.

사흘째 되는 날, 신사임당은 집에 있는 자녀들을 불러 모았습니다.
신사임당은 눈을 가늘게 뜨고 자녀들을 하나하나 바라보고는,
"다시는 내가 일어나지 못할 것 같구나."
하고 힘없이 중얼거렸습니다. 그리고는 홀연히 눈을 감아 버렸습니다.

1551년 5월 17일 새벽의 일이었습니다.

이때 이원수 일행은 한성 가까이 와 있었습니다.

그런데 이때 율곡은 이미 불길한 예감에 사로잡혀 있었습니다. '해서'에 머물 때 놋그릇이 빨갛게 변해 있는 것을 본 것입니다.

이원수 일행은 아침에 한강 하류에 있는 서강(지금의 마포)에 도착해서야, 신사임당이 세상을 떠났다는 소식을 들었습니다. 세 부자는 통곡을 터뜨렸습니다.

신사임당은 48세에 세상을 떠나 파주 두문리(지금의 파주군 천현면 동문리) 자운산 기슭에 묻혔습니다.

16세에 어머니를 잃은 율곡은 〈어머니 행장〉이란 글을 써서 신사임당을 추모했습니다.

신사임당은 현모양처의 본보기로서 오늘날까지 칭송이 자자합니다. 그러나 이제부터는 그런 평가에 가려져 있던 '우리나라 제일의 여성 화가'로서의 신사임당도 재조명해야 할 것입니다.

예술가 편

우리나라 최초의 여성 성악가

윤심덕

1897~1926, 우리나라 최초의 여성 성악가, 호는 수선. 평양에서 태어났으며 경성 여자 고등 보통 학교 사범과를 졸업했다. 그 뒤 원주 공립 보통 학교 교사 등을 지내다가 관비 유학생이 되어 일본 아오야마 학원과 도쿄 음악 학교 성악과에서 공부했다. 유학생들과 '동우회 순회 극단'을 만들어 국내 순회 공연에 참여했으며, 도쿄 음악 학교 졸업 후에는 고국에 돌아와 음악 활동을 하여 우리나라 최초의 여성 성악가로서 큰 인기를 얻었다. 1925년에는 〈토월회〉 배우로 연극 무대에 섰으며, 방송에 출연하거나 레코드를 취입하기도 했다. 1926년 레코드 취입을 위해 일본에 건너갔다가 배를 타고 돌아오는 길에 애인 김우진과 함께 바다에 몸을 던져 세상을 떠났다. 대표곡으로는 그가 죽고 나서 유명해진 〈사의 찬미〉가 있다.

"**심덕아,** 너는 이담에 커서 의사가 되어라. 병든 사람들을 고치는 의사야말로 불행한 이웃들을 위해 일할 수 있는 좋은 직업이란다."

어느 날, 심덕의 어머니 김씨는 심덕에게 이렇게 말했습니다. 그는 의료 선교사인 홀 부인이 평양에 세운 광혜원이라는 병원에서 사무원으로 일하고 있었습니다. 심덕의 아버지 윤호병이 풋나물 장사를 하고 있지만, 맞벌이를 하지 않으면 안 될 정도로 생계가 어려웠기 때문입니다. 그런 가운데서도 어머니의 교육열은 대단했습니다.

"나는 옛날 사람이어서 교육을 받지 못했지만, 너희들만은 신식 교육을 받아야 해. 그래야 서양에서 들어온 새로운 문물을 받아들일 수 있거든."

광혜원에서 일하는 덕에 일찍이 서양 문물에 눈을 뜬 어머니는, 아들딸 가리지 않고 4남매 모두에게 신식 교육을 시켰습니다. 그래서 없는 살림에도 심덕은 진남포 보통 학교와 평양의 숭의 여학교를 거쳐 경성 여자 고등 보통 학교 사범과에 진학할 수 있었습니다.

어머니에게 의사가 되라는 권유를 받은 심덕은 또렷한 목소리로 말했습니다.

"어머니, 우리나라에서는 여자는 의사가 되기 힘들어요. 여자를 의사로 길러내는 대학도 없잖아요. 의사가 되려면 미국 유학을 가야 하는데, 우리 집 형편으로는 어려운 일이에요. 저는 의사보다도 성악가가 되고 싶어요. 노래만큼은 남들보다 잘할 자신이 있거든요."

심덕은 어릴 적부터 가족들을 따라 교회에 다녔습니다. 그의 집안은 일찍이 기독교를 받아들여 아버지는 평양 남산 교회 권사, 어머니는 전도 부인으로 활동하고 있었습니다.

심덕은 교회에서 찬송가를 부르며 처음 노래를 접했습니다. 그런데 그 노래 솜씨가 얼마나 빼어난지 따라잡을 사람이 없었습니다.

심덕은 음악에 대한 재능이 남달라서, 한번 따라 부른 노래는 그대로 익혔습니다. 그리고 풍금도 혼자서 배우고 익혀 뛰어난 연주 솜씨를 선보여 사람들을 놀라게 했습니다.

심덕은 어려서부터 노래 부르기를 좋아했습니다.

"심덕아, 노래 좀 해 봐라. 요즘 유행하는 창가를 불러 봐."

주위에서 노래를 시키면 심덕은 거절하는 법이 없었습니다. 고운 목소리로 아무 데서나 노래를 하곤 했습니다.

심덕은 노래뿐 아니라 집안 살림도 잘했습니다. 방학이 되어 집으로 돌아오면 요리, 빨래는 물론 바느질까지 도맡아 했습니다.

1918년 경성 여자 고등 보통 학교 사범과를 졸업한 심덕은 강원도 원주 공립 보통 학교 교사로 발령을 받았습니다.

'나는 사범과를 우등으로 졸업했어. 당연히 평양으로 발령이 날 줄 알았는데 시골로 발령이 나?'

심덕은 속이 상했습니다. 이왕이면 고향에 부임하고 싶었는데, 뜻밖에도 아는 사람 하나 없는 시골에 가게 되었기 때문입니다.

'할 수 없지 뭐. 가족들과 떨어져 지내는 게 아쉽긴 하지만 열심히 아이들이나 가르치자.'

심덕은 마음을 고쳐먹고 원주 공립 보통 학교 교사로 부임하여 즐겁게 학교 생활을 했습니다.

그런데 그로부터 반 년 뒤, 심덕은 또다시 전근 명령을 받았습니다. 원주 공립 보통 학교에서 횡성 공립 보통 학교로 가라는 것이었습니다.

'맙소사! 이번에는 두메산골로 발령이 났어. 어째서 나를 횡성

으로 쫓아내는 거지?'

심덕은 화가 나서 견딜 수가 없었습니다.

여름 방학이 되어 집으로 돌아온 심덕은 때마침 열린 동창회에 나갔습니다. 숭의 여학교 동창회였습니다. 그 자리에는 조선 총독부 학무국장이 참석해 단상에 앉아 있었습니다. 학무국장은 교사들의 인사 발령을 맡고 있는 일본인 관리였습니다.

심덕은 그 사람을 보자마자 큰 소리로 외쳤습니다.

"할아버지, 내가 무슨 죄가 있다고 두메산골로 쫓아 보내요? 원주로 발령을 낸 지 반 년 만에 또다시 횡성으로 가라 하니 이게 말이 됩니까? 도저히 참을 수 없어요."

심덕은 단상으로 뛰어 올라가 다짜고짜 학무국장의 멱살을 잡았습니다. 학무국장은 당황하여 어쩔 줄을 몰랐습니다.

"이봐요, 멱살 좀 풀고 말해요. 숨이 막힌다니까."

일본인 학무국장이 진땀을 흘리며 쩔쩔매자, 사람들은 그 모습이 우스워 배를 잡고 웃었습니다.

학무국장은 심덕으로부터 자세한 사정을 듣고는 심덕을 살살 달랬습니다.

"어이쿠, 그런 일이 있었군. 화를 낼 만도 하네. 알았어요. 내가 다시 발령을 낼 테니 조금만 기다려요."

이런 일이 있고 나서 학무국장은 심덕을 춘천으로 발령을 냈습니다. 춘천은 강원도에서 가장 큰 도시였습니다.

윤심덕은 이처럼 성격이 활발하고 대범했습니다. 여자라고 얕잡아보면 아무에게나 대들어 어려서부터 얻은 별명이 '왈패'였습니다.

윤심덕은 두메산골에서 도시로 나왔지만 답답하기는 마찬가지였습니다.

'나한테는 선생님이 맞지 않아. 시골이든 도시든 학교에 갇혀 지낼 게 아니라, 넓은 세상을 돌아다니며 마음껏 노래를 부르고 싶어.'

어느덧 윤심덕의 가슴 속에는 가수에의 꿈이 자라고 있었습니다.

윤심덕은 일 년 만에 교사를 그만두고, 광혜원 홀 부인의 도움으로 관비 유학생이 되어 일본으로 유학을 떠났습니다. 1915년 4월의 일이었습니다.

윤심덕은 아오야마 학원에서 3년 동안 공부한 뒤 도쿄 음악 학교 성악과에 들어갔습니다. 오랫동안 꿈꾸어 오던 성악을 공부하기 위해서였습니다.

당시만 해도 우리나라에서는 노래를 한다고 하면 기생이나 하는 일로 알고 업신여겼습니다. 그림을 그리면 환쟁이, 연극을 하면 광대라고 부르며 예술가를 천대했던 것입니다.

그에 비하면 일본은 예술가를 존중해 주었기에, 윤심덕은 성악을 깊이 있게 공부하고 자신의 재주를 마음껏 발휘할 수 있었습니다.

1919년 3·1운동이 일어난 뒤, 일본 유학생들 사이에서는 이런 이야기가 오고 갔습니다.

"우리는 일본의 지배에서 벗어나 독립을 이루어야 해."

"그러려면 먼저 조국의 국민들을 계몽시키는 일을 해야겠지."

"우리가 그 일을 위해 발 벗고 나서자. 방학이 되면 조국으로 돌아가 연극도 하고 음악회도 여는 거야."

"좋아. 그렇게 순회 공연을 해서 모금한 돈은 조국의 독립을 위해 쓰자."

동경 유학생들은 뜻을 모아 '동우회 순회 극단'을 만들었습니다. 그리고는 1921년 여름 방학 때 조선으로 돌아가 마산, 경주, 대구, 목포, 서울, 평양, 원산 등 전국 10여 개 도시를 돌며 7월 9일부터 8월 18일까지 공연을 했습니다.

이 순회 극단의 주요 멤버는 와세다 대학 영문과를 다니는 김우진을 비롯하여 홍난파, 조명희, 마해송, 김기진, 한기주, 홍해성, 유춘섭, 허일 등이었습니다. 모두 음악과 문학을 공부하는 유학생들이었는데, 윤심덕도 이 순회 극단에 적극적으로 참여했습니다.

순회 극단에서 가장 큰 인기를 끈 것은 윤심덕, 홍난파, 한기주

가 함께 벌인 음악 공연이었습니다. 윤심덕은 소프라노 독창을 하고 홍난파는 바이올린, 같은 학교 여학생인 한기주는 오르간 반주를 했는데, 한 곡 한 곡이 끝날 때마다 뜨거운 박수를 받았습니다.

순회 공연은 대성황을 이루었지만 40일 만에 막을 내려야 했습니다. 일본 경찰이 공연을 방해했기 때문입니다.

1922년 윤심덕은 도쿄 음악 학교를 졸업했습니다. 그리고는 학교에서 일 년 동안 조교를 지낸 뒤 이듬해 6월에 고국으로 돌아왔습니다.

6월 26일 저녁 8시, 윤심덕은 중앙 청년 회관에서 열린 음악회에 초청을 받았습니다. 동아 부인 상회 창립 3주년 기념 음악회였습니다. 이 자리에서 윤심덕의 소프라노 독창은 사람들을 사로잡았습니다. 당시로서는 들어 본 적이 없는 슈베르트의 가곡과 오페라 아리아는 관객들을 감동의 물결에 휩싸이게 했습니다.

윤심덕은 6월 30일 중앙 청년 회관에서 한기주의 피아노 반주로 독창회를 가졌으며, 7월 7일에는 경성 여자 고등 보통 학교 동창회 주최로 열린 '윤심덕, 한기주 환영 음악회'에 출연했습니다.

그 뒤에도 윤심덕은 서울에서 음악회가 열리면 어김없이 얼굴을 비쳤습니다. 그가 부르는 아름다운 노래는 대중을 사로잡았으며, 그는 우리나라 최초의 성악가로서 갈수록 인기가 치솟았습니다.

〈조선일보〉 1928년 8월 6일자에는 윤심덕의 노래에 대해 다음과 같은 기사가 실렸습니다.

밤 지난 해당의 붉은 화관이 아침 이슬에 젖은 듯한 오렌지빛 작은 입술로 옥반에 구르는 구슬 소리와 같이 곱고도 청아한 멜로디를 울리어 반도 악단의 한없는 총애를 받고 있다.

윤심덕은 이처럼 언론의 아낌없는 찬사를 받으며 조선 최고의 성악가로 군림했습니다.

그러나 그 당시 조선에서는 노래만 불러서는 생계를 꾸려 갈 수 없었습니다. 윤심덕에게는 어머니와 동생 등 돌봐야 할 가족이 여러 명 있었습니다.

윤심덕은 할 수 없이 라디오에 출연하여 사회도 보고 노래도 불렀습니다. 그뿐만 아니라 김우진의 권유로 극단 '토월회'에 입단하여 연극 무대에 서는가 하면, 니토[日東] 레코드 회사와 전속 계약을 맺고 〈메기의 추억〉, 〈어여쁜 색시〉, 〈만향가〉, 〈너와 나〉, 〈방긋 웃는 월계화〉 등의 노래를 녹음하여 세미 클래식 음반을 내놓기도 했습니다. 인기도 많고 활동도 많이 했지만 여전히 생활은 나아지지 않고 어렵기만 했습니다.

윤심덕의 가족은 우리나라 최초의 음악 가족으로 유명했습니다. 윤심덕의 언니 윤심성은 이화 여자 전문 학교를 졸업한 소프라노 가수였으며, 남동생 윤기성은 연희 전문 학교를 졸업한 바리톤 가수로 미국 유학을 떠났습니다. 그리고 여동생 윤성덕은 이화 여자 전문 학교를 졸업한 피아니스트였습니다.

그 무렵 윤성덕은 유학을 준비하고 있었습니다. 미국에서 피아노를 전공하겠다는 것이었습니다.

윤심덕 역시 오래 전부터 유학의 꿈을 간직하고 있었습니다.

'오페라의 본고장인 이탈리아로 유학을 가서 오페라를 배우고 싶어.'

그래서 한때는 혼자서 이탈리아어를 공부하기도 했습니다. 그러나 그로서는 유학을 떠날 형편이 못 되었습니다. 여동생 윤성덕이 미국 유학을 준비하고 있기에, 당장 여동생의 학비와 여비를 마련해 줘야 했던 것입니다.

1926년 7월 일본 오사카에 있는 니토 레코드 회사에서 연락이 왔습니다. 윤심덕의 노래를 음반으로 만들고 싶다는 것이었습니다.

윤심덕은 윤성덕의 피아노 반주로 노래를 녹음하려고 동생과 일본으로 건너갔습니다. 이때가 7월 16일이었습니다.

윤심덕은 8월 1일 니토 레코드 회사에서 자신의 노래 26곡을 녹음했습니다.

"수고하셨습니다."

레코드 회사 다누치 사장은 웃음 띤 얼굴로 윤심덕에게 인사를 건넸습니다.

그때 윤심덕이 입을 열었습니다.

"사장님, 한 곡 더 부르고 싶은데요. 루마니아의 작곡가 이바노비치의 〈다뉴브 강의 잔물결〉이라는 곡이에요. 제가 이 멜로디에 우리말로 노랫말을 붙여 봤거든요. 제목이 〈사의 찬미〉예요."

"아, 좋습니다. 어서 불러 보세요."

다누치 사장이 승낙하자 윤심덕은 울면서 노래를 불렀습니다.

광막한 광야를 달리는 인생아
너는 무엇을 찾으러 왔느냐
이래도 한세상 저래도 한세상
돈도 명예도 사랑도 다 싫다.

녹수 청산은 변함이 없건만
우리 인생은 나날이 변했다
이래도 한세상 저래도 한세상
돈도 명예도 사랑도 다 싫다.

꿈을 이루지 못하는 자신의 비참한 처지 때문이었을까요? 윤심덕은 너무도 슬프게 이 노래를 불렀습니다. 그래서 그 자리에 있던 모든 사람들이 함께 눈물을 흘렸습니다.

윤심덕은 녹음을 마치고 레코드 회사로부터 계약금을 받았습니다. 그 돈으로 여동생 윤성덕은 일본에서 배를 타고 곧바로 미국으로 유학을 떠날 수 있었습니다.

당시 일본에는 김우진이 와 있었습니다. 윤심덕은 오래 전부터 김우진과 사랑하는 사이였습니다. 그러나 김우진에게는 일본으로 유학을 오기 전부터 부모님이 짝지어 준 부인이 있었습니다. 윤심덕으로서는 이루어질 수 없는 사랑을 한 것입니다.

8월 3일 밤 11시, 윤심덕과 김우진은 일본 시모노세키 항에서 부산으로 떠나는 배에 몸을 실었습니다. 관부 연락선 '도쿠주마루'였습니다.

새벽 4시가 되자 배는 대마도 옆을 지나고 있었습니다. 이때 갑판으로 나온 두 사람은 서로 껴안고 바다에 몸을 던졌습니다.

윤심덕의 죽음으로 그의 마지막 노래 〈사의 찬미〉는 유명해졌습니다. 사람들은 두 사람의 죽음을 슬퍼하며, 이승에서 이루지 못한 사랑이 저승에서 이루어지기를 빌었습니다.

예술가 편

여성 위인전

한국 영화 초창기 최고의 여배우

이월화

1904?~1933, 한국 영화 초창기의 여배우. 본명은 이정숙. 언제 어디서 태어났는지는 확실한 기록이 없다. 1918년 이화학당을 그만두고 '신극좌'에 들어가 신파극 배우로 활동했다. 1921년에는 여명 극단으로 옮겼으며, 1922년 창립된 민중 극단의 두 번째 작품 〈영겁의 처〉에 출연함으로써 주목받는 스타가 되었다. 1923년 영화 〈월하의 맹세〉에 주인공 정순역을 맡아 대중적인 인기를 얻었다. 그 후 '토월회' 주연 배우로 발탁되어 〈부활〉, 〈알트 하이델베르크〉, 〈사랑과 죽음〉, 〈카르멘〉 등의 연극에서 좋은 연기를 보여 주었다. 〈해의 비곡〉 등 몇 편의 영화에도 출연한 그는 토월회를 이끌던 박승희를 짝사랑하다가 상심하여 연예계를 떠났으며, 방황하는 삶을 살다가 심장마비로 갑자기 죽었다.

1910년대 우리나라에는 영화를 상영하는 영화관이 10여 개 있었습니다. 대부분 서울에 있었는데, 청계천을 경계로 하여 남쪽에는 일본인들을 위한 영화관인 어성좌, 경성좌 등이 있었습니다. 그리고 북쪽에는 한국인들을 위한 영화관인 단성사, 연흥사, 우미관 등이 있었습니다.

이 가운데 가장 늦게 세워진 영화관이 우미관이었습니다. 2층짜리 벽돌 건물로, 1915년 종로구 관철동에 들어섰습니다.

1922년 연흥사를 개조하여 종로구 인사동에 조선 극장이 문을 열어, 서울에는 단성사, 우미관과 더불어 3대 영화관이 한국인 관객들의 사랑을 받게 됩니다.

그런데 1910년대 후반 우미관에는 영화를 보려고 날마다 찾아오는 여학생이 있었습니다. 진명 보통 학교를 거쳐 이화학당에 입학한 여학생이었습니다.

당시만 해도 영화라 하지 않고 '활동 사진'이라 부르던 시절이었습니다. 영사기에 필름을 넣고 돌리면, 그 영화 장면에 맞춰 변사가 주인공들의 대사를 들려주었습니다. 당시에는 녹음 기술이 뒤떨어져 무성 영화(녹음한 음성이 없는 영화)만 상영했던 것입니다.

따라서 변사들은 영화 배우 못지않게 큰 인기를 누렸습니다. 영화관이 문을 닫을 시각이면 기생들이 몰려와, 인력거에 변사를 모셔 가려고 서로 다툴 정도였습니다.

우미관의 변사는 영화관의 단골 손님인 여학생의 얼굴을 알아보았습니다. 그래서 하루는 그 여학생을 불러 세워 이렇게 물었습니다.

"너는 공부도 안 하니? 어째서 날마다 극장에 오는 거야?"

여학생이 대답했습니다.

"저는 활동 사진이 좋아요. 저도 아저씨처럼 멋지게 대사를 외우는 변사가 되고 싶어요. 아저씨, 극장 주인에게 저 좀 변사로 써 달라고 말해 주세요, 네?"

"뭐, 뭐라고?"

변사는 어처구니없다는 표정을 지었습니다.

"나이 어린 여자아이가 변사는 무슨 변사야? 쓸데없는 소리 하지 말고 집에 가서 공부나 해!"

변사는 여학생의 등을 떠밀며 영화관 밖으로 내쫓았습니다.

여자 변사가 되고 싶다는 이 어린 여학생이 뒷날 한국 영화 초창기 최고의 여배우로 우뚝 선 이월화입니다.

이월화는 원래 이름이 이정숙인데, 언제 어디서 태어났는지 확실한 기록이 없습니다. 이월화의 동료 배우인 복혜숙은 이월화가 1904년에 태어났다고 했고, 〈동아일보〉에는 1903년 또는 1905년으로 소개되기도 했습니다. 그리고 이월화가 경성부 창성동에서 태어났다고 전해지는데, 충청남도 예산에서 태어났다는 설도 있습니다.

또한 진짜 부모가 누구였는지도 정확히 밝혀져 있지 않습니다. 이월화의 어머니가 높은 벼슬아치의 첩이었는데, 아버지가 죽자 어머니는 다른 곳으로 시집을 갔다고 합니다. 이때 다른 벼슬아치의 첩이었던 여자가 이월화를 맡아 길렀다는 것입니다.

어쨌든 이 양어머니는 교육열만은 매우 높았던 사람이었습니다. 가난한 살림에 이월화를 진명 보통 학교와 이화학당에까지 보냈기 때문입니다.

영화와 연극이 좋아 우미관을 안방처럼 드나들던 이월화는 1918년 결국 이화학당을 그만두고 '신극좌'에 들어갔습니다. 신극좌는 1916년, 배우 김도산이 세운 신파극단이었습니다. 이월화는 김도산에게 연기를 배워 신파극 배우로 활동했습니다.

그리고 1921년에는 '여명 극단'으로 옮겼습니다. 여명 극단은 소녀들로만 이루어진 극단이었습니다.

어느 날, 단성사에서는 여명 극단이 연출한 〈운명〉이라는 작품이 공연되었습니다. 이월화는 이 연극에서 '메리'라는 소녀 역을 맡았습니다.

때마침 극작가인 윤백남이 단성사에 와서 이 공연을 보았습니다. 연극이 끝나자 윤백남은 무대 뒤에 있는 분장실에 들렀습니다. 이월화는 윤백남에게 다가와 인사를 하며 이렇게 말했습니다.

"선생님, 제 연기 보셨죠?"

"그래. 네가 이정숙이지?"

"네. 제 연기 어때요? 쓸 만하지 않아요?"

"그래. 앞으로 열심히 해라. 내가 언제 연락을 하마."

눈이 초롱초롱하고 참 당돌한 소녀였습니다. 윤백남은 이 어린 여배우를 눈여겨보았습니다. 그래서 1922년 1월 안광익과 함께 민중 극단을 창립하자 이월화를 단원으로 불러들였습니다.

"너한테 예명(연예인이 연예계에서 본명 이외에 따로 지어 부르는 이름)을 지어 주마. '월화'가 어떻니? 이월화······."

"좋아요. 아주 멋진 이름이에요."

이렇게 해서 이월화는 민중 극단의 배우로 무대에 서게 되었습니다.

이월화가 처음 출연한 작품은 민중 극단의 두 번째 공연 작품인 〈영겁의 처〉였습니다. 그는 여기서 여주인공인 오르가 역을 맡았는데, 아주 좋은 연기를 보여 주어 하루아침에 유명해졌습니다.

"저 여배우가 이월화인가? 목소리도 좋고 연기도 잘하는걸."

"큰 키에 서글서글한 눈 좀 봐. 너무 매력적이야."

관객들은 이월화에게 반해 민중 극단의 공연이 열리는 조선 극장으로 몰려들었습니다. 이월화는 이름 없는 신인에서 주목받는 스타가 된 것입니다.

그러던 어느 날 밤이었습니다. 민중 극단 단원들이 묵고 있는 봉익동 개성 여관으로 윤백남이 나타났습니다. 그는 평소와 달리 흥분된 모습이었습니다.

"여러분에게 할 말이 있소. 한자리에 모여 주시오."

윤백남은 단원들이 넓은 방에 모여 앉자 입을 열었습니다.

"오늘 조선 총독부 체신국으로부터 영화 한 편을 만들어 달라는 제의를 받았소. 사람들에게 저축을 권하는 내용의 영화인데, 내가 각본과 연출을 맡기로 했소. 그러니 여러분은 이 영화에 배우로 출연해 주시오."

"그게 정말입니까, 선생님? 연극 배우인 우리가 영화 배우가 된단 말이죠?"

단원들은 모두 기뻐했습니다. 그도 그럴 것이, 당시에 우리나라에는 한국 사람들의 손으로 만들어진 극영화가 없었던 것입니다. 비록 계몽 영화이긴 하지만 창작 영화로서는 최초였습니다.

이렇게 해서 만들어진 영화가 〈월하의 맹세〉입니다. 이 영화는 술과 노름에 빠져 가산을 탕진하고 큰 빚을 진 약혼자를, 약혼녀의 아버지가 그동안 틈틈이 저축해 온 돈으로 구해 준다는 내용이었습니다.

이월화는 이 영화에서 약혼녀인 정순 역을 맡았습니다. 그리고 약혼자인 영득 역은 미남 배우인 권일청이 맡았습니다. 문수일,

송해천, 김응수, 안세민 등의 배우가 함께 출연했습니다.

1923년 4월 9일, 경성 호텔에서는 이 영화의 시사회가 열렸습니다. 시사회에 참석한 사람들은 영화의 여주인공인 이월화의 모습을 보고 화면에서 눈을 떼지 못했습니다.

"세상 참 좋아졌네. 한국 사람 손으로 만든 영화를 다 보고……. 저 아름다운 여배우가 신파극 무대에서 이름을 떨치는 이월화인가?"

"정말 예쁘군. 우리나라에도 저렇게 멋진 여배우가 있다니……."

이월화는 이 영화로 더욱 유명해졌습니다. 저축을 권하는 계몽 영화라서 전국 각지에서 무료로 상연되었기에 대중에게 널리 알려진 것입니다.

어떤 사람은 〈월하의 맹세〉의 남녀 주연 배우인 권일청과 이월화에 대해 이렇게 말했습니다.

"인류의 조상이 에덴 동산의 아담과 하와라면, 한국 영화의 아담과 하와는 권일청과 이월화이다."

한국 영화 동산의 하와 이월화는
이제 연극계나 영화계에서
가장 빛나는 여배우가 되었습니다.

여기저기서 출연해 달라는 제의가 들어왔습니다. 그 가운데는 '토월회'라는 신극 극단이 있었습니다.

토월회는 박승희, 김복진, 김기진, 이서구, 이제창, 박승목, 김을한 등 일본 동경 유학생들이 1922년 10월 결성한 문예 모임이었습니다. 구한말 초대 주미 대사를 지낸 박정양의 둘째 아들인 박승희가 신극의 열렬한 애호가여서, 이 모임은 신극 운동 단체로 바뀌었습니다.

"여름 방학에는 서울에 가서 연극 공연을 하자고. 우리 회원 전체가 연극에 출연하는 거야."

"어떤 작품을 무대에 올리지? 이왕이면 여러 편을 하는 게 좋겠는데."

"내가 생각해 둔 작품이 있어. 유진 피롯의 〈기갈〉과 안톤 체홉의 〈곰〉, 버나드 쇼의 〈그 남자가 그 여자의 남편에게 어떻게 거짓말을 했는가〉가 좋겠어. 그리고 내가 써 놓은 창작극 〈길식〉도 같이 무대에 올리고……."

박승희가 이렇게 말하자 김복진이 앞으로 나섰습니다.

"무대 장치는 내가 맡을게. 나는 연기보다 이런 일이 적성에 맞거든."

"좋아. 그럼 이제부터 대본을 구해 연극 연습에 들어가자고. 그런데 한 가지 문제가 있어. 연극에는 여주인공이 나오는데 어디서 여배우를 구하지?"

"동경 유학생 중에는 여학생들도 꽤 있잖아. 그들한테 부탁해 보지."

토월회 회원들은 여배우를 구하려고 먼저 여학생들을 찾아다녔습니다. 그러나 연극에 출연하겠다는 여학생은 하나도 없었습니다.

"야단났네. 빨리 여배우를 구해 연습에 들어가야 하는데."

"내가 고국에 돌아가서 여배우를 구해 볼게."

이서구는 먼저 조선으로 가서 여배우를 구하러 다녔습니다. 하지만 마땅한 사람이 없었습니다.

그 뒤 박승희, 김기진 등이 조선으로 건너와 간신히 두 사람의 여배우를 구했습니다. 한 사람은 진명 여자 고등 보통 학교 학생인 이정수이고, 다른 한 사람은 남편과 헤어진 여자인 이혜경이었습니다.

"두 사람으로는 부족해. 〈그 남자가 그 여자의 남편에게 어떻게 거짓말을 했는가〉에 출연할 여배우를 구해야 해."

토월회 회원들은 여배우를 구하기 위해 발 벗고 나섰습니다. 그리하여 이서구가 반가운 소식을 가지고 왔습니다.

"〈월하의 맹세〉라는 영화에 출연한 이월화라는 여배우 알지? 민중 극단 단장인 안광익에게 부탁하니까 이월화를 추천하는 거야. 이월화도 우리와 공연을 하고 싶대."

"거 잘 됐네. 이월화라면 신파극 무대에서는 최고의 여배우잖아."

토월회 회원들은 모두 기뻐했습니다.

이서구가 말했습니다.

"기뻐하기는 아직 일러. 이월화의 어머니가 이월화를 창성동 집에 가둬 놓았다는 거야. 앞으로 다시는 신파극 무대에 서지 말고 당장 시집이나 가라고 말이야."

"저런! 이월화를 데려오려면 어머니의 승낙을 받아야겠네."

"기진아, 네가 창성동에 가서 이월화의 어머니를 뵙고 떼를 써라. 그래도 거절하면 엉엉 울어 버려."

이서구는 김기진에게 이렇게 청했습니다. 그리하여 김기진은 안석영과 함께 인력거를 타고 창성동으로 갔습니다. 그 날은 1923년 6월 중순으로 비가 오는 날이었습니다.

두 사람은 이월화의 어머니에게 큰절을 하고는 떼를 쓰기 시작했습니다.

"어머니, 저희들은 신파극 연극쟁이가 아닙니다. 일본 동경에 가서 공부하는 유학생들인데, 방학을 맞이하여 우리나라에 와서 연극 공연을 준비하고 있습니다. 이월화 양이 여주인공을 맡아 주지 않으면 우리는 공연을 할 수 없어요."

"그렇습니다. 우리 처지를 생각해서라도 이월화 양이 연극에 출연하도록 도와주십시오. 제발 부탁드립니다."

두 사람은 이월화의 어머니에게 끈질기게 졸랐습니다. 그리하여 마침내 허락을 얻어 이월화를 데려올 수 있었습니다.

이월화는 이제 신파극을 벗어나 신극 무대에 서게 되었습니다.

같은 연극이라 해도 신파극과 신극은 서로 달랐습니다. 신파극은 대본이 필요 없었습니다. 줄거리를 알면 그때그때 장면에 맞춰 대사를 만들어 연기를 하면 그만이었습니다. 그러나 신극은 대본을 받아 일일이 대사를 외워야 했습니다. 이월화로서는 아무래도 익숙지 않은 일이었습니다. 그러다 보니 첫날 연극 공연에서 문제가 생겼습니다.

〈그 남자가 그 여자의 남편에게 어떻게 거짓말을 했는가〉의 여주인공은 이월화이고, 남주인공은 박승희였습니다. 한창 연극이 진행되는데, 박승희가 갑자기 얼굴이 빨개져서 우물쭈물했습니다. 대사를 잊어버린 것입니다.

무대 뒤 벽난로에는 김기진이 숨어서 대본을 읽어 주고 있었습니다. 그런데 박승희는 읽어 주는 대사가 들리지 않는지, 무대 한가운데서 벽난로 쪽으로 다가갔습니다. 그리고는 조그만 소리로 말했습니다.

"기진아, 크게 말해 봐. 뭐라고?"

바로 그때였습니다. 이월화가 혼잣말처럼 중얼거렸습니다.

"아이구, 이 양반이 어디로 가셨나?"

이것은 대본에도 없는 말이었습니다. 신파극 무대에 익숙한 이월화는 갑작스런 상황을 무마하려고 즉흥적인 대사를 한 것입니다.

아무튼 그 날 공연은 박승희의 실수로 엉망이 되어 버렸습니다. 연극은 도중에 막을 내렸고, 관객들은 입장료를 돌려받았습니다.

 연기를 잘하는 이월화이지만, 연극이 그렇게 끝나 버리니 책임감을 느끼지 않을 수 없었습니다.
 "우리가 연습이 부족한 탓이에요. 내일 공연에는 절대로 이런 실수를 하지 말자고요."
 박승희는 미안하여 얼굴을 들지 못했습니다.
 그러나 이월화는 박승희를 위로하며 밤새도록 연습을 했습니다.

그리하여 이튿날부터는 실수 없이 연극을 잘할 수 있었습니다.

토월회는 1923년 7월 4일부터 닷새 동안 조선 극장에서 제1회 공연을 가졌습니다. 그러나 이 공연은 실패로 끝나고 말았습니다.

"제2회 공연 때는 좀더 잘해 보자고. 연습도 충분히 하고 말이야."

토월회 회원들은 각오를 다지며 공연 준비를 철저히 했습니다.

제2회 공연에 올린 작품은 톨스토이의 〈부활〉, 마이아 펠스타의 〈알트 하이델베르크〉, 그리고 버나드 쇼의 〈그 남자가 그 여자의 남편에게 어떻게 거짓말을 했는가〉에서 제목만 바꾼 〈오로라〉 등이었습니다.

1923년 9월 18일부터 24일까지 일주일 동안 조선 극장에서 열린 제2회 공연에서는 〈부활〉이 관객들로부터 가장 큰 박수를 받았습니다. 이월화는 이 작품에서 여주인공 카추샤 역을 맡았는데, 명연기를 보여 주어 관객들을 사로잡았습니다.

〈부활〉은 모두 4막인데, 제1막에 카추샤가 이별의 노래를 부르는 장면이 있었습니다. 하지만 이월화는 음치여서 무대 뒤에서 조택원이 대신 노래를 불렀습니다. 그런데 이월화가 무대 위에서 자신이 부르는 것처럼 얼마나 흉내를 잘 내는지, 토월회 회원들이 모두 감탄을 했다고 합니다.

이월화의 카추샤 연기는 장안의 화제가 되었습니다. 그는 '조선 연극계의 꽃', '조선의 유일한 여배우요, 예원의 여왕'이라는 찬사를 받았습니다.

그 뒤 이월화는 〈알트 하이델베르크〉, 〈사랑과 죽음〉, 〈카르멘〉 등의 연극에서 좋은 연기를 보였습니다. 또한 〈해의 비곡〉(1924), 〈뿔 빠진 황소〉(1927), 〈지나가의 비밀〉(1928) 등의 영화에 출연했습니다.

이월화는 토월회에서 배우로 활동하면서 박승희를 사랑하게 되었습니다. 그러나 박승희는 이미 일본 동경에 결혼하기로 약속한 애인이 있었기 때문에 이월화의 구애를 거절했습니다.

짝사랑의 아픔을 겪은 이월화는 모든 일에 의욕을 잃었습니다. 1928년 이후부터는 연극, 영화에도 출연하지 않았습니다.

한동안 사람들의 기억에서 잊혀진 이월화는 1933년 〈동아일보〉 7월 19일자에 그 소식이 전해졌습니다. 1931년 결혼한 그가 중국 상해에서 살다가 일본으로 건너가 심장마비로 세상을 떠났다는 것입니다. 45일 전이라고 하니 1933년 6월 초의 일이었습니다.

혹은 현해탄에 몸을 던져 스스로 목숨을 끊었다는 설도 전해지고 있습니다.

예술가 편

여성 위인전

우리나라 제일의 판소리 명창

박녹주

1906~1979, 판소리 명창. 본명은 명이. 경상북도 선산에서 태어났으며 12세 때 명창 박기홍에게 처음 판소리를 배웠다. 그 뒤 서울로 올라가 송만갑 명창에게는 〈심청가〉와 〈적벽가〉, 정정렬 명창에게는 〈춘향가〉, 김정문 명창에게는 〈흥보가〉, 유성준 명창에게는 〈수궁가〉를 배웠다. 1928년 콜롬비아 레코드 회사와 전속 계약을 맺고 판소리 〈심청가〉를 음반으로 내놓음으로써 그의 명성이 전국으로 퍼졌다. 그 후 창극좌를 조직하여 〈흥보전〉, 〈숙영낭자전〉, 〈별주부전〉 등을 무대에 올려 활발하게 창극 운동을 펼쳤다. 1948년 여성 국악 동호회를 만들어 초대 회장을 맡고, 1964년 중요 무형 문화재 제5호인 판소리 예능 보유자로 지정되었다.

"이봐, 우리도 딸들에게 판소리를 가르치는 게 어때? 판소리 명창이 되면 큰돈을 벌 수 있대."

볕이 따사로운 봄날이었습니다. 전날 경상북도 선산 읍내에 갔다가 우연히 '협률사'라는 창극단의 공연을 본 박중근은 친구에게 이런 제의를 했습니다.

"판소리를 가르치자고? 하긴 자네 딸이나 내 딸이나 목소리 하나는 쩌렁쩌렁하지."

"내 딸 명이가 나를 부를 때는 귀청이 찢어지는 것 같아. 그런 목소리라면 우리나라 제일의 판소리 명창이 되고도 남을걸."

"좋아. 그럼 딸을 소리꾼으로 길러서 호강 좀 해 볼까? 그런데 판소리를 가르칠 만한 스승은 찾아보았나?"

"물론이지. 평해면 영산에 있는 도리사라는 절 근처에 큰 명창이 와 있대. 박기홍이라고……."

"그래? 마침 잘 됐군."

며칠 뒤 박중근은 딸 명이와 친구의 딸을 조랑말에 태우고 마을을 떠났습니다.

"명이야, 열심히 판소리를 배워라. 그래서 우리나라 제일의 판소리 명창이 되는 거야. 그러려면 명이보다는 그럴 듯한 이름이 있어야겠지? 그래, 네 이름을 '녹주'라고 하는 게 좋겠다. 박녹주······."

도리사 근처에는 마을이 있었습니다. 박중근은 물어물어 박기홍 명창이 있는 집을 찾아갔습니다.

그 집 마루에는 덩치가 큰 노인이 앉아 있었습니다.

박중근은 노인에게 절을 하며 말했습니다.

"명창 박기홍 선생님이시죠? 이 아이들을 명창으로 기르고 싶어 찾아왔습니다."

박기홍 명창은 두 아이를 내려다보았습니다.

"판소리를 배우고 싶단 말이지? 여기 오기 전에 누구한테 판소리를 배웠느냐?"

"아직 배운 적이 없습니다."

"그렇다면 목청이 어떤지 들어 봐야겠구나. 내가 〈중타령〉 한 토막을 부를 테니 따라 해 보아라."

녹주는 박기홍 명창이 어렵고 무섭기만 했습니다. 그래도 용기

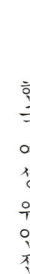

를 내어 그가 부르는 〈중타령〉을 따라 불렀습니다.

 그 자리에는 두 여자아이 말고도 두 사람이 더 있었습니다. 모두 판소리를 배우러 온 부인들이었습니다.

 박기홍 명창은 차례차례 〈중타령〉을 따라 부르게 하고는 녹주를 턱으로 가리켰습니다.

 "으음, 네가 가장 목청이 좋구나. 판소리를 배우면 아주 잘하겠어."

뜻밖에도 칭찬을 들은 녹주는 귀밑까지 붉어졌습니다.

"판소리를 배우는 일은 말처럼 쉽지 않다. 하루에도 스무 시간 이상 소리를 뽑아내야 해. 그러다 보면 목이 붓고, 목에서 피가 나올 것이다. 그래도 판소리를 배우겠느냐?"

"그럼요. 아무리 힘들어도 배워야지요. 그래야 명창이 되지 않겠습니까?"

녹주 대신 대답한 것은 녹주의 아버지인 박중근이었습니다.

그는 녹주와 친구의 딸을 맡기고 혼자 마을로 돌아갔습니다.

이튿날부터 강행군이 시작되었습니다. 박기홍은 제자들에게 잠도 재우지 않고 밤새도록 소리를 시켰습니다. 그들이 처음 배운 것은 〈춘향가〉였습니다.

"한 대목씩 골라서 가르쳐 주마. 먼저 '이별가'를 배우고, 그 다음엔 '옥중가', '사랑가', '몽중가'를 배우겠다."

판소리 연습은 무척 힘들었습니다. 스승이 말한 대로 하루에도 스무 시간 이상 소리를 뽑아내야 했습니다. 아침에 연습이 시작되면 그 다음 날 새벽에 닭 울음소리가 들려야 끝나는 것이었습니다.

"무릎을 세우고 몸을 꼿꼿이 세운 채 소리를 해야지."

피곤하여 자세가 흐트러지면 불호령이 내렸습니다. 스승은 연습을 시킬 때는 결코 봐주는 법이 없었습니다. 언제나 엄하고 혹독했습니다.

목이 붓고, 목에서 피가 나왔습니다. 음식도 가려먹어야 하고, 참기름도 마셔야 했습니다. 그래야 목이 부드러워지기 때문이었습니다.

새벽에 남포등 기름이 닳고 닭 울음소리가 들리면 녹주는 잠자리에 들었습니다. 그러나 몸은 고단한데도 잠이 오지 않았습니다.

녹주는 방문을 열고 슬그머니 마당으로 나왔습니다. 아직 해가 떠오르기 전, 깜깜한 하늘에는 달이 두둥실 떠 있었습니다. 달에는 고향 마을이 비치고, 그리운 식구들의 얼굴이 하나 둘 떠올랐습니다. 녹주는 달을 쳐다보며 눈물을 흘렸습니다.

'이렇게 죽을 고생을 하며 판소리를 꼭 배워야 하나? 나를 여기에 맡기신 아버지가 원망스럽구나.'

녹주는 자신의 신세가 서럽고 처량하기만 했습니다. 하지만 다음 날 또 강행군을 하려면 잠시라도 눈을 붙여야 했습니다.

녹주의 이런 생활은 〈춘향가〉를 다 배우고 〈심청가〉를 배울 때쯤 끝이 났습니다. 스승인 박기홍 명창이 다른 지방으로 떠나게 되었기 때문입니다.

"너를 좀더 가르치지 못해 아쉽구나. 녹주야, 내가 없더라도 혼자서 열심히 연습을 하거라. 너는 재능이 뛰어나니 꼭 훌륭한 명창이 될 거다."

박기홍은 소리꾼으로서 신선의 경지에 들었다는 당대 제일의 명창이었습니다. '동편제' 소리의 일인자인 그는 녹주가 앞으로 큰 소리꾼이 되리라는 것을 믿어 의심치 않았습니다.

녹주는 집에 돌아와서도 판소리 연습을 게을리하지 않았습니다. 지금까지 배운 것을 부르고 또 불렀습니다.

녹주의 판소리를 들은 사람들은 하나같이 감탄을 했습니다.

"나이도 어린데 어쩜 저렇게 소리를 잘하지?"

"우리 고을에 명창이 났어. 저 정도 솜씨라면 누구에게도 뒤지지 않아."

녹주는 이제 선산 고을에서는 유명한 소리꾼이 되었습니다. 잔칫집에서는 너도나도 녹주를 불러 판소리를 들었습니다.

이렇게 되자 신바람이 난 것은 녹주의 아버지 박중근이었습니다. 녹주가 소리를 하면 잔칫집에서는 수고비로 엽전을 두둑이 내놓았기 때문입니다.

"헤헤, 살 맛 난다. 녹주에게 판소리를 가르쳤더니 내가 늘그막에 덕을 보는구나."

박중근은 엽전 꾸러미를 노새에 매달고 흥에 겨워 마을로 돌아왔습니다.

'녹주가 박기홍 명창에게 판소리를 배웠지만 앞으로 좀더 배워

야 해. 그래야 우리나라 제일의 명창이 되지.'

　박중근은 선산 고을에 '협률사' 창극단이 공연을 하러 오자, 녹주를 데리고 창극단을 찾아갔습니다. 1918년 봄의 어느 날이었습니다.

　협률사에는 김창환이라는 명창이 있었습니다. 박중근은 김창환에게 녹주를 인사시켰습니다.

　"제 딸아이입니다. 선생님이 이 아이에게 판소리를 가르쳐 주십시오."

　김창환 명창은 녹주를 제자로 받아들였습니다. 그래서 녹주는 협률사 단원들을 따라 이 고을 저 고을 떠돌아다녔습니다.

　그러나 김창환 명창은 두 달이 넘도록 녹주에게 소리 한 대목 가르쳐 주지 않았습니다.

　녹주는 기다리다 못해 김창환 명창에게 졸라댔습니다.

　"선생님, 〈흥보가〉를 배우고 싶습니다. 한 대목 가르쳐 주십시오."

　"그래? 내가 부르는 대로 따라 하거라."

　김창환 명창은 〈흥보가〉의 한 대목을 길게 뽑아냈습니다. 그러자 녹주는 그것을 흉내 내어 따라 불렀습니다. 하지만 김창환 명창은 무엇이 그리 바쁜지 녹주의 소리를 다 듣지도 않고 그냥 가 버리는 것이었습니다. 녹주는 한숨을 길게 내쉬었습니다.

'안 되겠다. 저 분 밑에서는 일 년이 넘어도 〈흥보가〉 한 대목 배우기 어렵겠어.'

녹주는 생각다 못해 아버지 앞으로 편지를 썼습니다.

아버지, 김창환 선생님 밑에서는 판소리를 배우기 어렵겠어요. 저를 데려가 주세요.

박중근은 편지를 받고 한 걸음에 달려왔습니다. 그리하여 녹주를 집으로 데려다 주었습니다.

어느 날, 녹주는 아버지에게 말했습니다.

"좋은 스승을 만나 판소리를 더 배우고 싶어요. 아버지, 저를 서울로 보내 주세요."

"알았다. 서울에는 이름난 명창들이 많이 있으니 서울로 가는 게 좋겠구나."

박중근은 녹주를 서울로 보내 주었습니다.

이때부터 녹주는 뛰어난 명창들을 찾아다니며 소리를 배웠습니다. 송만갑 명창에게는 〈심청가〉와 〈적벽가〉를 배웠으며, 정정렬 명창에게는 〈춘향가〉를 다시 배웠습니다. 그리고 김정문 명창에게는 〈흥보가〉, 유성준 명창에게는 〈수궁가〉를 배웠습니다. 이로써 판소리의 여러 마당을 두루 익혀 자신의 창법으로 소화할 수 있었습니다.

　1928년 박녹주는 콜롬비아 레코드 회사와 전속 계약을 맺고 판소리 〈심청가〉를 음반으로 내놓았습니다. 그러자 이 음반은 불티나게 팔려 나갔습니다. 1930년에는 빅터 레코드 회사, 오케이 레코드 회사, 태평 레코드 회사 등에서도 판소리 음반을 내놓아 그의 명성이 전국으로 퍼졌습니다. 판소리 하면 박녹주를 떠올릴 정도로 우리나라 사람들에게 가장 인기 있는 명창이 된 것입니다.

1933년 조선 성악 연구회를 만들었으며, 1936년에는 조선 성악 연구회 창립 기념 공연인 창극 〈춘향전〉에서 춘향 역을 맡아 큰 인기를 끌었습니다.

그 후 박녹주는 창극좌를 조직하여 〈흥보전〉, 〈숙영낭자전〉, 〈별주부전〉, 〈배비장전〉, 〈옹고집전〉 등을 무대에 올려 활발하게 창극 운동을 펼쳤습니다.

그러나 1940년대에 들어서면서 박녹주에게는 시련이 닥쳤습니다. 일제가 민족 말살 정책을 펴면서 판소리를 일본말로 부르라고 강요한 것입니다. 그러나 박녹주는 이에 응하지 않았습니다.

"판소리는 우리말로 불러야 한다.
일본말로 부르는 판소리는 우리 음악이 아니다."

박녹주는 끝내 무대에 서지 않았습니다.

1945년 드디어 해방이 되었습니다. 박녹주는 감격에 젖어 이렇게 다짐했습니다.

'그동안 일제에 의해 핍박받았던 판소리를 되살려야 한다. 그러기 위해서는 우선 창극 운동에 힘써야겠다.'

박녹주는 1948년 5월 여성 국악 동호회를 만들어 초대 회장을 맡았으며, 1953년 여성 창극 단체인 '국극사'를 조직하여 〈해님

달님〉 등 많은 창극을 공연했습니다.

　박녹주는 1960년대부터는 판소리에 전념하는 한편, 제자들을 기르는 일에 앞장섰습니다. 그리하여 조상현, 박초선, 성창순, 성우향 등이 그의 소리를 이어받았습니다.

　1964년 12월 24일, 박녹주에게는 기쁜 소식이 전해졌습니다. 그가 중요 무형 문화재 제5호인 판소리 예능 보유자로 지정되었다는 것입니다.

　박녹주는 1972년부터는 판소리 보존회 이사장으로도 활동했습니다.

　사람들은 여류 명창인 박녹주를 명창 중의 명창이라고 입을 모아 말했습니다. 그래서 그를 '국창'이라고 부르는 사람들도 있었습니다.

　"박녹주만큼 〈흥보가〉를 잘 부르는 명창이 또 있을까. 그 중에서도 '제비노정기'와 '비단타령'은 가장 뛰어나지."

　1979년 5월 26일, 박녹주는 일흔네 살의 나이로 생애를 마쳤습니다. 그는 이화중선, 배설향, 신금홍, 하농주, 김추월 같은 여류 명창들이 대중의 인기에서 멀었던 것과는 달리, 많은 사람들에게 사랑을 받으며 국악계에 큰 발자취를 남겼습니다.

예술가 편

한국이 낳은 세계적인 현대 무용가

최승희

1911~1967, 우리나라 전통 춤을 현대식으로 만든 한국 무용의 개척자이다. 숙명 여자 고등 보통 학교를 졸업한 후 이시이 바쿠 무용단의 공연을 본 것을 계기로 그의 제자가 되어 일본으로 건너갔다. 이시이 바쿠 무용 연구소에서 3년 동안 무용을 배우고 고국으로 돌아와 무용 연구소를 차렸다. 그리고 네 차례에 걸쳐 신작 발표회를 가졌다. 이 무렵 한승준에게 우리나라의 전통 춤을 배워 전통 무용과 현대 무용을 합한 새로운 창작 무용을 만들었다. 1933년 일본으로 가서 신작 발표회를 열어 큰 성공을 거두고, 1937년부터 세계 순회 공연에 나서 미국, 프랑스, 스위스 등에서 '세계 무대에 우뚝 선 동양의 무희'라는 찬사를 받았다. 주요 작품으로는 〈에헤야 노아라〉, 〈거친 들판에 서서〉, 〈칼춤〉, 〈승무〉 등이 있다.

살을 에는 추위가 몰아닥친 어느 겨울밤이었습니다.

최승일이라는 청년은 그 날 오후에 '개벽사'라는 잡지사에 갔다가 친구를 만나 술 한 잔을 했습니다. 그리고는 집으로 돌아오는 길에 쌀가게에 들러 쌀 두 말과 팥 두 되를 샀습니다.

최승일은 잡화상 앞을 지나치다가 큰 누이동생인 영희의 얼굴을 떠올렸습니다.

'며칠 전에 영희가 구멍 난 양말을 신으며 한숨을 푹푹 쉬었지. 덕지덕지 기운 양말에 또 구멍이 났으니, 이제는 천 조각을 대어 꿰매는 데도 진력이 났을 거야.'

최승일의 호주머니에는 잡지사에서 받은 몇 푼의 원고료가 남아 있었습니다. 그는 잡화상에 들어가 양말 한 켤레를 샀습니다.

'승희는 엊그제 찹쌀떡이 먹고 싶다고 했지? 생글생글 웃으며 말이야.'

승희는 작은 누이동생이었습니다. 최승일은 과자 가게에 들러 승희에게 줄 찹쌀떡을 샀습니다.

그가 종로구 체부동 137번지, 어둑어둑한 골목길을 걸어 집에 도착한 것은 밤 10시쯤이었습니다.

"승희야, 승희야!"

최승일은 대문 앞에서 동생을 불렀습니다. 그러자 "기다려, 오빠." 하는 소리가 들리더니 방 안이 밝아졌습니다. 승희가 일어나 남폿불을 켠 것입니다.

그때 승희의 집에서는 전기를 끌어다 쓸 형편이 못 되었습니다. 그래서 석유를 연료로 하는 남포등을 사용하고 있었습니다.

잠시 뒤, 승희가 집 안에서 나와 대문을 열어 주었습니다.

승희의 형제는 큰오빠 승일, 작은오빠 승오, 큰언니 영희 등 4남매였습니다. 이들은 남폿불 앞에 모여 앉았습니다. 승희는 큰오빠가 찹쌀떡을 내놓자 손뼉을 치며 좋아했습니다.

"오빠, 고마워. 그렇지 않아도 찹쌀떡이 먹고 싶었어. 그런데 술을 마셨네? 오빠가 술 마시는 날은 나한테 좋은 날이야. 자꾸 뭘 사다 주잖아."

승희의 말에 온 식구가 웃었습니다.

승희는 찹쌀떡을 먹기 시작했습니다. 그런데 그 눈에는 눈물이 고여 있었습니다.

최승일은 동생을 물끄러미 바라보다가 입을 열었습니다.

"승희야, 찹쌀떡을 먹으면서 왜 우니? 혹시 학교에서 무슨 일이 있었니?"

승희는 숙명 여자 고등 보통 학교에 다니고 있었습니다. 15세였지만 4학년이었습니다. 공부를 잘해 숙명 보통 학교를 친구들보다 2년 먼저 졸업해, 12세에 숙명 여자 고등 보통 학교에 입학했기 때문입니다.

승희가 대답했습니다.

"오빠, 학교에서는 이번 학기부터 등록금을 면제해 준대. 오늘 성의경 선생님에게 전해 들었어. 어찌나 눈물이 나던지 학교 뒷마당에 가서 한참을 울었어."

"그거 잘 됐구나. 좋은 일인데 왜 우니? 네가 공부를 잘 해서 등록금을 면제해 주는 건데. 어쨌든 잘 울었다. 그 울음은 차츰차츰 세상을 알아가는 울음이야."

승희는 가정 형편이 어려워 등록금을 제때 내지 못했습니다. 그래서 3학년 때는 스스로 학교를 그만둘까 하는 생각도 했습니다.

승희네는 승희가 보통 학교에 다닐 때만 해도 서울에서 알아주는 부잣집 양반 집안이었습니다. 그래서 아무 걱정 없이 남부럽지 않게 살아올 수 있었습니다. 그러나 승희가 고등 보통 학교에 들어간 해에 승희의 집은 쫄딱 망하고 말았습니다. 당시에 조선 총독부는 토지 조사 사업을 벌였는데, 그때 승희네 집안의 그 많은 땅을 빼앗아 간 것입니다.

승희의 집에는 남은 재산이 하나도 없었습니다. 오히려 하루하루 끼니를 걱정해야 할 형편이었습니다.

승희의 집에는 일본 유학을 다녀온 큰오빠가 소설을 쓰고 번역을 해서 받는 원고료 말고는 특별한 수입이 없었습니다. 그나마 쥐꼬리만 한 돈이어서 하루에 두 끼 밥도 못 먹는 날이 더 많았습니다.

아침이 되면 승희의 형제와 부모님은 서로 사양하며 밥을 먹으려 하지 않았습니다. 여러 식구가 먹기엔 밥이 턱없이 부족하기 때문입니다. 승희는 부모님이 일부러 아침을 드시지 않는 것을 알고 나서는, 소매를 물어뜯으며 뜨거운 눈물을 흘렸습니다. 그래서 승희도 속이 안 좋다는 핑계를 대어, 세 번에 한 번은 밥을 먹지 않고 학교에 가곤 했습니다.

승희는 오빠를 건너다보며 물었습니다.

"큰오빠, 나는 내년에 학교를 졸업하게 되잖아. 그 다음엔 무엇을 하지?"

"글쎄다. 상급 학교에 진학해야 하지 않겠니? 너는 어느 학교에 가고 싶니?"

"음악 학교……."

"그래. 너는 노래도 잘하고 율동 체조도 잘하니 그게 좋겠지. 그래도 사람 일은 모르는 거야. 생각지 않게 자기 인생에 좋은 기회가 찾아오기도 하거든. 아무튼 내년 봄에 졸업할 때까지 기다려 봐."

승희는 노래를 제법 잘했습니다. 학교에서 학예회가 열리면 독창은 언제나 그의 차지였습니다.

"승희야, 너는 음악에 소질이 있어. 반드시 음악 공부를 하여 음악가가 되어야 한다."

음악 과목을 맡은 김영환 선생님은 승희에게 늘 이런 말을 했습니다. 뿐만 아니라 학교에서 선생님들을 모아 놓고 회의를 했습니다.

"승희는 음악가가 되어 우리 학교를 빛낼 아이입니다. 가정 형편이 어려우니 우리 학교에서 승희를 도쿄 음악 학교에 보내 주도록 합시다."

"좋은 생각이에요. 승희에게 음악 공부를 시킵시다."

선생님들은 학교 추천으로 도쿄 음악 학교에 승희를 입학시키기로 했습니다. 그런데 도쿄 음악 학교에서는 아직 나이가 어리다고 입학을 거절하는 것이었습니다.

"사범 학교는 학비가 적게 들잖니. 사범 학교에 진학하여 선생님이 되는 게 좋겠다."

숙명 여자 고등 보통 학교를 졸업한 승희는 큰오빠의 권유로 사범 학교 입학 시험을 치렀습니다. 합격자 발표는 1926년 3월 19일이었습니다.

아현동 고개 너머에 있는 사범 학교 마당에서 승희는 힘없이 바닥에 주저앉았습니다. 그리고 눈물을 하염없이 흘렸습니다.

"100명 정원에 860명이 응시한 이번 입학 시험에서 7등으로 합격했습니다. 하지만 아직 나이가 적으니 일 년 뒤에 입학하세요."

승희는 사범 학교 직원한테 이런 말을 들었던 것입니다.

'나는 내 힘으로 무너져 가는 우리 집안을 일으키고 싶어. 내가 사범 학교를 나와 선생님이 되면 다달이 월급을 타서 우리 식구들이 굶지 않고 살아갈 텐데. 일 년 뒤에나 입학을 허락한다니……'

승희는 눈물을 흘리며 전차를 타고 집으로 돌아왔습니다.

가족들은 한 목소리로 물었습니다.

"왜 우니? 입학 시험에 떨어졌구나?"

"아니야, 합격했는데, 나이가 적다고 일 년만 놀다가 학교에 오래."

"그래? 어리다고 퇴짜를 맞은 것이 억울해서 울었구나?"

가족들은 재미있다는 듯이 한바탕 웃었습니다.

"하긴 퇴짜를 맞을 만도 하네. 2년 뒤에 학교를 졸업하여 선생

님이 되어도 겨우 열여덟 살이잖아. 이렇게 어린 나이에 어떻게 아이들을 가르치겠어?"

"오빠도 참……. 불난 집에 부채질하는 거야?"

승희는 큰오빠를 향해 곱게 눈을 흘겼습니다.

최승일은 입가에 웃음을 머금고 승희를 바라보았습니다.

"승희야, 내가 언젠가 사람 일은 모른다고 했지? 살다 보면 뜻하지 않게 좋은 기회가 찾아오기도 한다고 했잖아."

"그랬지. 그런데 갑자기 그 얘기는 왜 하는 거야?"

"내 얘기 좀 들어 봐라. 사실 오늘 도서관에 가서 신문을 보는데 〈경성일보〉에 이런 기사가 실렸더라. 일본의 유명한 무용가인 이시이 바쿠가 이끄는 무용단이 서울에 와서 공연을 한다는 거야. 3월 20일부터 22일까지 3일 동안 경성 공회당에서……. 이시이 바쿠의 인터뷰 기사도 실렸는데, '나는 조선 땅을 처음 밟았습니다. 이곳에 와 보니 예술가를 많이 낳을 것 같은 느낌이 드는군요. 내게 무용을 배우겠다는 조선 처녀가 있다면 일본으로 데려가서 무용을 가르치고 싶습니다.' 하는 거야."

승희는 고개를 갸우뚱했습니다.

"무용? 오빠, 무용이 뭐야?"

승희는 그때까지도 무용이 뭔지 몰랐습니다. 무용은커녕 영화를 구경한 적도 없었습니다.

"춤추는 게 무용인가?"

"그렇지. 춤추는 예술이 무용이야. 예술 가운데서도 가장 오래된 것이 무용이지. 승희야, 너도 무용을 배워 보지 않을래?"

"내가?"

"그래. 내가 보기에 너는 무용을 배우면 훌륭한 무용가가 될 것 같다. 체격 좋지, 음악 잘 하지, 머리 좋지……. 무용을 잘할 만한 조건은 모두 갖추었어. 아마 조선에서 제일가는 무용가가 될걸.

말이 나온 김에 내일 밤 무용 공연이나 구경 갈까?"

"좋아요, 오빠."

다음 날, 승희는 오빠를 따라서 경성 공회당으로 갔습니다. 그곳에서는 이시이 바쿠 무용단의 공연이 열렸습니다.

종소리가 울리고 불이 꺼지자, 피아노 반주와 함께 한 남자 무용수가 무대에 등장했습니다. 그가 바로 이시이 바쿠였습니다. 그는 온몸이 쇠사슬에 감겨 있었습니다. 쇠사슬을 끌고 한발 두발 무대 위에서 힘겨운 걸음을 옮겼습니다. 그것을 보는 순간, 승희는 생각했습니다.

'저것은 춤이 아니야. 춤은 즐겁고 기쁠 때만 추는 건데……. 무언가 괴롭고 무거운 마음을 표현하고 있는걸.'

그때였습니다. 무용수는 하늘을 올려다보며 두 팔을 높이 쳐들었습니다. 그리고는 무대에 쓰러졌습니다. 이것이 〈옥에 갇힌 사람〉이라는 작품이었습니다.

무대에서는 계속해서 여러 작품이 공연되었습니다. 아름답고 환상적인 장면이 무대 위에 펼쳐질 때마다 승희는 탄성을 터뜨렸습니다.

'무용은 자기를 표현하는 예술이로구나. 나도 무용을 하여 내 가슴 밑바닥에 있는 뜨거운 예술혼을 깨우고 싶어.'

승희는 속으로 이렇게 다짐했습니다.

"오빠, 나도 무용을 배우고 싶어."

공연이 끝나자 승희는 오빠에게 이렇게 말했습니다.

"그래? 잘 생각했다. 이시이 바쿠 씨를 만나러 가자."

최승일은 승희를 데리고 무대 옆에 있는 방으로 갔습니다. 그 방에는 무대 의상이 놓여 있고, 무용수들이 모여 앉아 있었습니다.

최승일은 이시이 바쿠에게 다가가 인사를 했습니다.

"안녕하십니까? 저는 이 아이의 오빠 되는 사람입니다. 선생님께서는 무용을 배우겠다는 조선 소녀가 있다면, 일본으로 데려가서 무용을 가르치고 싶다고 하셨죠? 제 동생이 무용을 배우고 싶다고 해서 이렇게 데리고 왔습니다."

최승일이 승희를 소개하자, 이시이는 승희를 한참 바라보았습니다. 그러더니 옆에 있는 사람에게 말했습니다.

"희한한 일이야. 꿈이 현실이 되다니……. 어젯밤 꿈에 나는 조선 소녀를 만났다고. 그 소녀가 나를 따라 일본에 가겠다는 거야. ……이것은 보통 일이 아니야. 이 소녀를 데려가 무용을 가르치라는 것이 하늘의 뜻인가 봐."

이시이는 그 자리에서 승희를 제자로 받아들이겠다고 승낙했습니다.

그러나 승희가 이시이를 따라 일본에 가려면 부모님의 허락을 받아야 했습니다.

집에 돌아와 승희가 자신의 결심을 털어놓자, 부모님은 당연히 반대하고 나섰습니다.

"무용을 배우러 일본에 가겠다고? 무용은 춤이고, 춤은 기생이나 추는 것 아니냐?"

"미쳤구나. 양반집 딸이 기생이 되겠단 말이지? 절대로 허락할 수 없다."

부모님은 펄쩍 뛰고 반대했습니다.

"아버지, 어머니! 춤은 무용 예술이에요. 기생들만 추는 것이 아닙니다. 승희는 분명 조선을 대표하는 무용가가 될 거예요."

최승일이 나서서 부모님을 설득했습니다.

그리고 승희도 물러서지 않았습니다.

"오빠 말대로 저는 열심히 무용을 배워 조선을 대표하는 무용가가 되겠어요. 그러니 허락해 주세요."

승희는 끝까지 고집을 꺾지 않았습니다. 그리하여 마침내 부모님의 승낙을 얻어 이시이 바쿠를 따라 일본으로 건너가게 되었습니다.

이시이 바쿠의 무용 연구소는 도쿄 교외인 무사이사카이에 있었습니다. 최승희는 이 연구소에서 연구생들과 함께 무용을 배웠습니다. 일본 사람인 다른 연구생들에게 뒤지지 않으려고 하루에도 열한 시간씩 피나는 연습을 했습니다.

어느 날, 고국에 있는 어머니에게서 편지가 왔습니다.

   승희야, 낯선 나라에서 얼마나 고생이 많니? 아무리 힘들더라도 꾹 참고 견뎌야 한다.
   네가 떠난 뒤 이곳에서는 '양반집에서 딸을 돈 몇 푼에 기생으로 팔았다'는 소문이 자자하단다. 너는 꼭 훌륭한 무용가가 되어 돌아와, 허튼 소리를 하는 사람들을 부끄럽게 만들어 주어라.

최승희는 편지를 읽고 속으로 다짐했습니다.

   '열심히 무용을 배워 반드시 훌륭한 무용가가 되어 돌아가리라. 조선 사람으로서 무용가를 꿈꾸는 사람은 내가 처음이다. 나는 조선을 대표하는 무용가로서 세계 무대로 나아가, 우리 전통과 풍습을 살린 멋진 무용을 보여 주리라.'

1926년 10월, 최승희는 처음으로 무대에 서게 되었습니다. 이시이 바쿠의 신작 무용 발표회였습니다. 최승희는 여기서 두 명의 연구생과 더불어 춤을 추었습니다. 〈금붕어〉라는 작품이었습니다. 최승희는 실수 없이 그동안 갈고 닦은 실력을 마음껏 보여 주었습니다.

　이시이 바쿠 무용단은 일본 순회 공연에 나섰는데, 최승희도 여기에 참여하여 무대에 섰습니다. 그는 무용을 시작한 지 얼마 안 되어 '일본 무용계에 나타난 샛별'이라는 평을 들을 만큼 주목을 받았습니다. 또한 1927년 10월에는 이시이 바쿠 무용단의 두 번째 조선 공연에 참가하여, 경성 공회당과 우미관에서 〈세레나데〉를 혼자 추어 절찬을 받았습니다.

　최승희가 3년 동안의 무용 수업을 마치고 고국으로 돌아온 것은 1929년 8월 25일이었습니다.

　최승희는 서울에 무용 연구소를 차리고, 1930년 2월 1일 경성 공회당에서 제1회 신무용 발표회를 가졌습니다. 이것은 우리나라 무용가로서는 최초의 공연 무대였습니다.

　그러나 사람들의 반응은 그리 높지 않았습니다. 처음에는 서양 춤이라고 호기심을 갖더니, 신무용 발표회가 거듭될수록 관심은 멀어졌습니다. 게다가 무용단 운영비가 턱없이 부족해 나날이 쪼들려 갔습니다. 최승희는 기운을 잃었습니다.

　'이런 상태에서 무용을 계속해야 하는가? 아, 조선에는 순수 예술 무용이 뿌리를 내릴 수 없단 말인가?'

　최승희는 이렇게 회의하면서 자신의 무용에 대

해 되돌아보았습니다.

 '나는 지금까지 현대 무용을 한다고 서양 춤만 흉내 내었다. 이제는 나만의 새로운 무용을 만들어야 한다. 나는 조선 사람이니 조선 춤을 배워 현대 무용에 접목시키는 거야.'

최승희는 이런 생각을 하고 한성준이라는 사람을 만났습니다. 한성준은 탈춤, 고전 무용, 궁중 무용 등 전통 민속 춤에 능한 춤꾼이었습니다. 그는 조선 음악 무용 연구회를 이끌며 제자들을 길러내고 있었습니다.

최승희는 한승준의 제자가 되어 전통 민속 춤을 두루 배웠습니다. 그리하여 전통 무용과 현대 무용을 합하여 새로운 창작 무용을 만들 수 있었습니다.

1931년 최승희는 큰오빠 최승일의 친구 박영희의 소개로 안막이라는 청년을 만났습니다. 안막은 와세다 대학 러시아 문학과를 다니며 문학 활동을 했는데, 최승희는 그와 금방 가까워져 결혼식을 올렸습니다. 1931년 5월 9일의 일이었습니다.

한국 무용을 현대 무용에 접목한 새로운 무용은 1933년에 와서야 활짝 꽃을 피웠습니다. 일본으로 건너간 최승희는 일본 청년 회관에서 신작 발표회를 가졌는데, 〈거친 들판에 가다〉, 〈칼춤〉, 〈승무〉, 〈에헤야 노아라〉 등의 작품을 선보여 큰 성공을 거둔 것입니다.

이 공연의 성공으로 최승희는 1936년 영화 〈반도의 무희〉에 출연했으며, 1937년부터 세계 순회 공연에 나서 미국, 프랑스, 스위스, 이탈리아, 네덜란드 등에서 폭발적인 인기를 누렸습니다. 그는 뛰어난 무용으로 세계적인 명성을 얻었으며, '동양에서 온 가장 탁월한 무용가', '세계 무대에 우뚝 선 동양의 무희'라는 찬사를 받았습니다. 1938년에는 벨기에서 열린 제2회 세계 무용 경연 대회에 심사위원으로 임명되기도 했습니다.

최승희는 8·15 광복 후에는 남편 안막을 따라 평양으로 갔습니다. 그리고 그곳에 살면서 무용 연구소를 세워 제자들을 길러 냈습니다.

그러나 최승희가 북한에서 어떻게 살았는지는 자세히 알려진 것이 없습니다. 다만 1964년 〈조선 아동 무용 기본〉이라는 책을 펴냈으며, 1967년 세상을 떠났다고 전해질 뿐입니다.

학자 편

우리나라 최고의 여성 학자

임윤지당

1721~1793, 조선 시대 후기의 여성 성리학자. 본관은 풍천, 호는 윤지당. 함흥 판관 임적의 딸이며, 조선의 10대 성리학자 가운데 한 사람인 임성주의 여동생이다. 어릴 때부터 총명하여 오빠에게 학문을 배웠으며, 1739년 강원도 원주로 시집을 가서는 8년 만에 남편을 잃었다. 그 뒤부터는 낮에는 집안일을 하고 밤에는 성리학 연구를 했다. 그는 수십 년 동안 연구한 내용을 글로 써서 남겼는데, 그 원고는 그가 죽은 뒤에 〈임윤지당 유고〉라는 문집으로 묶어져 나왔다.

어둑새벽이었습니다. 잠이 깬 윤지당은 누운 채 봉창을 올려다보았습니다. 날이 새려는지 어둠이 조금 엹어져 있었습니다.

'오늘이 초하룻날이지? 아침 가정 의례엔 나도 참석하니 일찍 일어나야겠다.'

윤지당은 잠자리에서 일어나 이부자리를 개었습니다. 그리고는 자리옷(잠을 잘 때 입는 옷)을 벗고 선반에 올려놓은 옷으로 갈아입었습니다.

"벌써 일어났니?"

"응, 언니. 오늘 가정 의례엔 우리도 참석하잖아. 새벽부터 서둘러야 해."

"참, 그렇지. 빨리 세수를 해야겠다."

올해 여덟 살인 윤지당은 언니와 함께 방에서 나왔습니다. 세수를 하고 머리를 빗었습니다.

윤지당은 얼마 전에 아버지를 여의었습니다. 아버지 임적은 고향이 지금의 서울 서대문 일대인 반송방이었습니다. 윤지당이 태어난 해인 1721년(경종 원년)에 양성 현감에 부임했으며, 1725년(영조 원년)에는 함흥 판관이 되었습니다. 하지만 2년 뒤에 그 벼슬을 그만두고 서울로 돌아와, 지금의 서울 관훈동, 송현동 일대인 송현방에 셋집을 얻어 살았습니다.

임적은 청주 근처의 산골 마을인 옥화에 땅과 집을 마련해 두고 있었습니다.

'내년 봄에는 가족을 이끌고 옥화에 내려가서 살아야겠어.'

이렇게 마음먹은 임적은 1727년 가을부터 이사할 준비를 했습니다. 그런데 이듬해 정월에 그만 전염병에 걸려 세상을 떠나고 말았습니다. 그의 나이 44세였습니다.

아버지가 돌아가셨지만 날마다 치르는 가정 의례는 그만두지 않았습니다. 이 가정 의례는 한 달에 두 번, 그러니까 초하룻날과 보름날에는 집안 여자들도 참석했습니다.

윤지당과 언니는 어머니에게 갔습니다. 안채에는 이미 큰오빠 임명주, 둘째 오빠 임성주 등 오빠들이 동서 양쪽으로 나뉘어 서 있었습니다. 그리고 정원이 있는 마당에는 하인과 하녀들이 줄지어 서서 머리를 조아리고 있었습니다.

가정 의례는 형제 자매들이 어머니에게 절을 함으로써 시작되었습니다. 남자 형제는 절을 두 번 하고, 여자 형제는 네 번 했습니다.

그 다음엔 윤지당이 앞으로 나와 언문(한글)으로 씌어진 〈내훈〉, 〈소학〉 등의 몇 구절을 소리 내어 읽었습니다. 모두가 자녀들에게 가르침을 주는 내용이었습니다.

이어서 하인과 하녀들이 윤지당의 어머니에게 차례로 절을 했습니다. 하인, 하녀 가리지 않고 똑같이 두 번씩이었습니다. 그 다음엔 가장 나이 든 하인이 앞으로 나와 언문으로 씌어진 글을 큰 소리로 읽었습니다. 모두가 하인과 하녀들을 훈계하는 내용이었습니다.

가정 의례는 단 하루도 거르지 않고 날마다 치러졌습니다. 이 행사를 통해 윤지당의 집안은 법도를 세우고, 집안 사람들은 생활 규범을 지켜 나가는 것이었습니다.

1729년 가족들은 옥화로 이사했습니다. 윤지당은 시집가기 전까지 이곳에서 살며 어린 시절을 보냈습니다.

윤지당의 남자 형제들은 한자리에 앉아 〈논어〉, 〈대학〉, 〈맹자〉, 〈중용〉 등 유교 경전과 역사책을 공부했습니다. 그때 윤지당은 이들이 읽는 것을 곁에서 듣고 있다가 이따금 어려운 질문을 던져 사람들을 놀라게 했습니다.

"네가 어떻게 그런 사실을 알고 있느냐? 대단하구나. 네가 사내대장부로 태어났더라면 큰 인물이 되었을 것을……. 여자로 태어난 것이 한스럽구나."

옛날에 여자들은 학문을 하거나 벼슬길에 나아가는 것을 금했습니다. 그들에게 맡겨진 일은 남편과 시부모를 섬기고 제사를 모시는 등 가정 살림이 전부였습니다.

윤지당의 큰오빠 임명주는 일찍이 과거에 급제하여 사간원 정언 벼슬을 지냈습니다. 집을 떠나 서울에 가 있기 때문에 동생들을 교육시키는 것은 둘째 오빠 임성주였습니다. 그는 뒷날 조선의 10대 성리학자 가운데 한 사람으로 꼽힐 만큼 학문이 뛰어난 인물이었습니다.

임성주는 윤지당을 기특하게 여겼습니다.

'어린 나이에 재주가 보통이 아니구나. 이런 아이는 학문을 익혀야 돼.'

이렇게 생각한 임성주는 윤지당을 불러 말했습니다.

"오늘부터 공부를 하거라. 알겠느냐?"

"예, 오라버니."

임성주는 윤지당에게 〈효경〉, 〈열녀전〉, 〈소학〉, 〈논어〉, 〈맹자〉, 〈중용〉, 〈대학〉 등의 책을 주었습니다. 그러자 윤지당은 크게 기뻐하며 그 책을 받았습니다.

윤지당은 공부를 하게 되었다고 해서 집안일을 소홀히 하지 않

앉습니다. 아침부터 저녁까지 집안일을 하고, 밤이 되어서야 책을 펼쳤습니다.
　윤지당은 밤늦도록 공부했습니다. 얼마나 열심히 책을 보는지 종이가 뚫어질 듯 했습니다.
　윤지당에게는 둘째 오빠가 좋은 스승이었습니다. 공부하다가 의문 나는 점이 있으면 그에게 물어 보았습니다. 그러면 임성주는 열과 성을 다해 가르쳐 주었습니다.

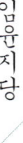
임윤지당

"너한테 호를 지어 줄까?"

어느 날, 임성주는 여동생에게 말했습니다.

"저야 고맙지요. 무어라 지어 주실지 궁금합니다."

"며칠 동안 생각해 봤는데, 네가 성인이신 문왕을 길러낸 태임 같은 현명한 어머니가 되었으면 좋겠구나. 그래서 태임을 닮으라는 뜻을 담아 '윤지당'이라 지었다."

"고맙습니다, 오라버니."

윤지당은 집안일과 학문에 힘썼을 뿐 아니라, 어머니를 지성으로 섬겼습니다. 어머니를 모시려고 잠시도 어머니 곁을 떠나지 않았습니다. 찌는 듯이 더운 여름날, 어머니가 밀어서 떼어 놓으면 어느 새 다가와 어머니 곁에 앉았습니다.

윤지당은 돌아가신 아버지에 대한 효심 또한 극진했습니다. 해마다 아버지 제사가 돌아오면 금방 아버지를 여읜 듯 슬피 울곤 했습니다.

윤지당의 가족들은 청주 근처에 있는 옥화 마을에서 8년을 살았습니다. 그리고는 1737년에 경기도 여주로 이사했습니다.

윤지당에게는 여섯 살 아래인 남동생이 하나 있었습니다. 그가 바로 임정주였습니다.

여주 땅은 산골 마을인 옥화에 비해 사람들도 많이 살고 번화한 곳이었습니다. 정주는 여주로 이사를 온 뒤부터는 공부를 게을리

했습니다. 나쁜 친구들과 어울려 다니며 못된 짓만 하는 것이었습니다.

하루는 윤지당이 정주를 불러 조용히 타일렀습니다.

"정주야, 네 나이 열한 살이다. 정신을 차려 공부에 힘써야 하지 않겠니? 네가 친구들과 몰려다니며 놀기만 할 때가 아니다."

정주는 누나한테 훈계의 말을 듣고 자신의 잘못을 깨달았습니다. 그 뒤부터는 나쁜 친구들을 멀리하고 공부에만 힘썼습니다. 그 결과, 임정주는 뒷날 둘째 형 임성주 못지않은 큰 학자가 되었습니다.

1739년 윤지당은 강원도 원주로 시집을 갔습니다. 신랑은 원주의 명문인 신씨 집안의 선비 신광유였습니다. 그는 신보의 큰아들인데, 아들이 없는 큰아버지 신계의 양자로 들어갔습니다.

윤지당은 두 시어머니를 모셔야 했습니다. 신광유에게는 친어머니와 양어머니가 있기 때문입니다. 그래도 윤지당은 싫은 기색 없이 온 정성을 다해 어른들을 섬겼습니다.

윤지당이 시집을 와서 처음 사당에 인사를 드릴 때의 일입니다.

그는 하녀의 도움을 물리치고 손수 제기를 받들어 올렸습니다. 그런데 그 동작이 익숙하고 예법에 맞았으며, 나아가고 물러남이 법도에 맞았습니다. 숙부 참봉공은 이것을 보고 뒤에 이렇게 칭찬했습니다.

"나이도 어리고 몸집도 작은데, 몸가짐을 보니 태산처럼 의젓하구나."

윤지당은 신광유와의 사이에 아이를 하나 낳았습니다. 그런데 어렵게 낳은 아이는 태어난 지 얼마 안 되어 저 세상으로 가 버렸습니다.

그뿐만이 아니었습니다. 윤지당보다 한 살 적은 남편은 결혼한 지 8년 만에 26세의 젊은 나이로 죽어 버렸습니다. 윤지당은 하늘이 노랗게 느껴졌습니다. 젊은 나이에 남편도 자식도 없이 살아가게 된 것입니다.

그러나 그에게는 시어머니 두 분이 있고 신광우, 신광조 두 시동생이 있었습니다. 윤지당은 두 시어머니를 모시면서 한 집에서 시동생 가족과 살았습니다. 사간원 대사간을 지낸 시동생 신광우는 윤지당을 어른으로 섬기며 어머니처럼 따랐습니다.

윤지당은 신광우가 벼슬살이를 하느라 지방에 가 있을 때는, 수시로 편지를 보내 집안일을 의논했습니다. 그리하여 어려움 없이 살림을 잘 꾸려 나갔습니다.

윤지당은 어른을 정성스레 섬기고 아랫사람들은 사랑으로 대했습니다. 아랫동서가 아기를 낳느라 진통할 때는 나흘 밤낮을 잠도 못 자고 헌신적으로 돌보았습니다.

이런 윤지당에게 40세가 넘어 기쁜 일이 생겼습니다. 시동생 신광우의 큰아들 재준을 자신의 양자로 삼은 것입니다. 재준은 친자식과 다름없었습니다. 젖을 뗄 무렵에 데려와 자기 방에서 정성을 다해 길렀습니다.

윤지당은 47세에 집안의 큰어른이 되었습니다. 두 해 전에 남편의 친어머니가 돌아가신 데 이어 남편의 양어머니마저 세상을 떠났기 때문입니다.

두 시어머니가 없다고 해서 윤지당은 살림을 그만두지 않았습니다. 아침에 일어나면 온종일 집안일에 힘을 쏟았습니다.

그러던 어느 날 밤이었습니다. 책을 읽다가 마당으로 나온 신광우는 저도 모르게 걸음을 멈추고 귀를 기울였습니다. 글을 읽는 소리가 어디선가 들려왔기 때문입니다.

'깊은 한밤중에 누구지? 여자 목소리 같은데.'

신광우는 고개를 갸웃하고는, 글 읽는 소리가 나는 곳으로 걸음을 옮겼습니다.

'아니, 여기는……? 형수님이 계시는 안채 아닌가? 그렇다면 형수님께서……?'

신광우는 윤지당의 방을 쳐다보았습니다. 거기에는 창 밖으로 불빛이 새어 나오고, 나지막이 경전을 읽는 소리가 들려왔습니다. 윤지당의 목소리가 틀림없었습니다.

'놀라운 일이구나. 나는 형수님이 우리 집안에 시집 오셔서 책 읽는 모습을 본 적이 한 번도 없는데. 그렇다면 형수님은 이제까지 밤마다 남몰래 글을 읽으며 학문을 닦아 오셨단 말인가?'

신광우는 벌린 입을 다물지 못했습니다. 윤지당의 학구열에 저절로 고개가 숙여질 따름이었습니다.

**윤지당은 시집을 온 뒤에도
책을 손에서 놓지 않았습니다.**

성리학이라는 학문은 입에 맞는 맛있는 음식과도 같아서, 좋아하는 그것을 그만두려고 해도 그만둘 수가 없었던 것입니다. 그래서 윤지당은 여자라는 데 구애받지 않고 수십 년 동안 혼자서 성리학을 연구했습니다.

윤지당의 친정 식구들은 여주에서 서울로 이사했다가 충청도 공주에 있는 지계로 내려가 살았습니다. 지계는 이때부터 윤지당 일가와 후손들의 고향이 되었습니다.

윤지당의 둘째 오빠인 임성주는 공주에서 50리쯤 떨어진 녹문에 옮겨와 살았습니다. 그러다가 그는 1782년 봄에 가족을 이끌고 윤지당이 사는 원주로 이사를 왔습니다. 윤지당은 기쁨을 감추지 못했습니다.

윤지당의 부모님도 돌아가시고, 남녀 형제 일곱 명 가운데 남은 사람은 막내 동생 임정주와 둘째 오빠 임성주, 그리고 자신뿐이었습니다. 공주 녹문과 원주는 5백 리 길이어서 그동안 자주 만나지 못했습니다. 그런데 임성주가 원주로 와서 아침 저녁으로 만나게 되었으니 기쁘지 않을 수가 없었습니다.

"오라버니, 반갑습니다. 제가 그동안 혼자서 경전을 공부하면서 의문 나는 부분이 적지 않았습니다. 그것을 깨우쳐 주세요."

"아무렴, 그래야지. 함께 학문을 연구해 보자꾸나."

임성주는 윤지당이 성리학에 대해 물어오면 친절하게 가르쳐 주었습니다. 덕분에 윤지당은 임성주가 원주에 사는 4년 동안 학문이 더욱 깊어지고 상당한 경지에 이르렀습니다.

임성주는 4년 뒤인 1786년 봄에 다시 가족을 이끌고 녹문의 옛

집으로 돌아갔습니다.

　그 뒤에도 윤지당은 성리학을 연구하다가 질문할 것이 있으면, 그 내용을 편지에 적어 녹문으로 심부름꾼을 보냈습니다. 그러면 임성주는 자세히 적은 답장을 심부름꾼 편에 보냈습니다.

　그 무렵 윤지당은 몹시 슬픈 일을 당했습니다. 장가들어 아들 딸 낳고 잘살던 아들 신재준이 하루아침에 죽어 버린 것입니다. 겨우 28세의 젊은 나이였습니다.

　"재준아, 네가 나를 버리고 어디로 떠났느냐? 나는 너만 믿고 살아왔는데 이제 의지할 곳을 잃었구나."

　윤지당은 아들의 시신 앞에서 통곡을 했습니다.

　불행은 혼자서 다니지 않는 모양이었습니다. 아들을 잃은 슬픔에 젖어 있는데, 뒤이어 학문의 스승이었던 둘째 오빠 임성주가 세상을 등졌습니다. 윤지당은 원주 골짜기에서 부음을 듣고 넋을 잃었습니다.

　"둘째 오라버님! 어찌 저를 버리고 서둘러 가셨습니까? 제가 둘째 오라버님보다 먼저 세상을 떠나 묘비에 오라버님의 글을 받아 새겼으면 저승에 가서도 빛이 나리라 생각했습니다. 그런데 오라버님을 먼저 저승으로 보내드리게 될 줄이야 누가 알았겠습니까?"

　윤지당은 불행을 딛고 일어섰습니다. 슬픔을 잊기 위해서라도 더욱 학문에 정진했습니다.

  그는 수십 년 동안 연구한 내용을 글로 써서 남겼습니다. 집안 살림을 하면서 틈틈이 써서 모은 것이 큰 두루마리 하나였습니다. 임정주에게 보내진 이 원고는 윤지당이 73세로 세상을 떠난 뒤 〈임윤지당 유고〉라는 문집으로 묶어져 나왔습니다. 1796년(정조 20년) 막내 동생 임정주와 시동생 신광우가 정리하여 펴낸 것입니다.

  이 문집에는 경전 연구와 성리학에 관한 논문 및 중국 역대 인물들에 대한 논평이 실려 있습니다. 그의 연구 성과들은 당시의 대학자들에게 견주어 손색이 없어, 우리 역사상 가장 위대한 여성 학자로 일컬어지고 있습니다. 또한 윤지당은 자신이 연구한 것을 훌륭한 한문 문장으로 저술하여, 조선 시대 여성 문학사에서도 높은 평가를 받고 있습니다.

  윤지당이 어떤 자세로 공부하고 학문을 연구했는지는 다음과 같은 이야기로 알 수 있습니다.

  둘째 오빠인 임성주가 양근 군수로 있을 때의 일입니다.

  원주에서 양근까지 오빠를 만나러 온 윤지당은 관사에서 며칠 동안 머물렀습니다.

  그때는 날씨가 무더운 한여름이었습니다. 별당에서 공부하던 조카들은 아침 저녁으로 윤지당에게 문안 인사를 드렸습니다.

하루는 윤지당이 조카들에게 물었습니다.

"그래, 오늘은 공부를 많이 했느냐?"

조카 협이 대답했습니다.

"오늘은 전혀 못했어요. 날씨가 너무 더워서요."

"그럼 부채질은 했겠네?"

"예."

"부채질은 뭐 하러 하니? 정신을 모아 글을 읽으면 가슴 속에서 서늘한 바람이 불어올 텐데……. 너희들은 제대로 공부를 하지 않았구나."

윤지당의 말에 조카들은 부끄러워 얼굴을 들지 못했습니다.

임정주는 〈임윤지당 유고〉를 펴내며 윤지당에 대해 이렇게 말했습니다.

"아, 누님이야말로 진실로 규중(부녀자가 지내는 방)의 도학자이며 여자 중의 군자이다."

학자 편

남편에게 충고를 아끼지 않은 조선의 실학자

강정일당

1772~1832, 조선 시대 후기의 여성 실학자. 본관은 진주, 호는 정일당. 본명은 지덕. 충청북도 제천에서 아버지 강재수와 어머니 안동 권씨 사이에 태어났다. 20세에 시집을 가서 길쌈과 바느질로 생계를 이어가며 남편을 헌신적으로 뒷바라지했다. 남편이 공부보다 다른 일에 빠져 있으면 글로써 그를 채찍질했다. 그는 남편의 어깨 너머로 글을 배워 30세가 되어서야 학문의 길로 들어섰다. 그리하여 몇 년 뒤에는 경전에 두루 통하고 학식이 풍부한 학자가 되었다. 강정일당이 61세로 세상을 떠나고 그 4년 뒤에 남편이 아내가 남긴 글들을 모아 〈정일당 유고〉라는 문집을 펴냈다.

강정일당의 아버지는 강재수이고, 어머니는 안동 권씨입니다.

안동 권씨는 강정일당을 가졌을 때 이런 꿈을 꾸었습니다.

돌아가신 어머니가 안동 권씨 앞에 불쑥 나타났습니다. 살아 계실 때와 똑같은 모습이었습니다.

"어머니!"

안동 권씨가 반가워 소리치자, 어머니는 조용한 목소리로 말했습니다.

"얘야, 너한테 맡길 사람이 있다. 지극한 덕을 갖춘 사람인데 잘 부탁한다."

말을 마친 어머니는 온데 간데 없이 사라졌습니다. 깨어 보니 꿈이었습니다.

'내가 왜 이런 꿈을 꾸었지? 혹시 아기를 낳을 꿈인가?'

얼마 뒤 안동 권씨는 자신이 아기를 배었음을 알았습니다. 열 달 뒤에 아기를 낳았는데 귀엽고 예쁜 딸이었습니다.

'어머니는 이 아이를 지극한 덕을 갖춘 사람이라고 하셨지? 아기 이름을 지극한 덕, 즉 지덕이라고 지어야겠다.'

지덕이는 1772년(영조 48년) 충청북도 제천에서 태어났습니다. 이 아이가 뒷날 '정일당'이라는 호를 얻어 강정일당이라고 불리는 여성 실학자입니다.

지덕이의 어머니 안동 권씨는 어려서부터 효녀로 이름났습니다. 부모님을 지성으로 섬겼으며, 늘 밝은 얼굴과 부드러운 목소리로 부모님의 마음을 편안하게 해 드렸습니다. 또한 음식도 잘하고 길쌈과 바느질도 잘했으며, 꼭두새벽부터 밤늦게까지 부지런히 일했습니다.

지덕이도 어머니를 닮아 어려서부터 효성이 지극했습니다. 집안일은 무엇이든 잘했으며 몸을 아끼지 않고 부지런히 일했습니다.

지덕이 여덟 살이 되자 아버지는 〈시경〉, 〈예기〉 등에 나오는 좋은 구절을 가르쳤습니다. 지덕이는 어릴 적에 글을 깨치고 공부의 즐거움을 알게 되었습니다.

1788년 아버지가 세상을 떠났습니다. 지덕이는 몹시 슬퍼하며 아버지의 무덤 옆에 초막을 짓고 3년상을 치렀습니다. 마을 사람들은 입을 모아 지덕이를 칭찬했습니다.

"지덕이는 하늘이 낳은 효녀야. 3년상은 남자도 하기 어려운데, 여자의 몸으로 그 일을 해내다니."

"지덕이만 한 효녀가 또 있을까. 지덕이는 우리 마을의 자랑이야."

지덕이는 스무 살인 1791년에 시집을 갔습니다. 신랑은 충주 출신인 윤광연으로, 지덕이보다 여섯 살 아래였습니다. 신랑의 할아버지가 지중추부사를 지낸 명문 집안이었지만, 아버지가 벼슬을 못해 몹시 가난했습니다.

시댁은 집도 없었습니다. 온 식구들이 떠돌아다니며 살아가고 있었습니다. 따라서 지덕이, 즉 강정일당은 윤광연과 혼례를 치렀지만 시집으로 들어가지 못했습니다. 그냥 친정에서 지낼 수밖에 없었습니다.

1793년 시아버지가 돌아가셨습니다. 남편은 3년상을 지내야 했지만 당장 식구들의 생계가 급했습니다. 그래서 양식을 얻으려고 상복 차림으로 충청도로 경상도로 바쁘게 돌아다녔습니다.

보다 못해 강정일당은 시댁으로 가서 남편을 만났습니다. 1794년의 어느 날이었습니다.

강정일당은 남편에게 말했습니다.

"제가 당신과 혼례를 치른 지 3년이 지났습니다. 하지만 함께 살지 못하고 제가 여전히 친정에서 지내야 하다니, 어찌 부부라

할 수 있겠습니까?"

"미안하오. 당신을 데려와 함께 지낼 형편이 못 되니 조금만 더 기다려 주시오."

"시아버님이 작년에 돌아가셨습니다. 그런데 아버지 상도 지키지 못하고 양식을 얻으러 여기저기 다니시는 걸 보니 가슴이 아픕니다. 당신은 명문 집안의 후손이십니다. 그렇다면 무엇보다도 글공부에 전념하셔야지요."

"난들 그러고 싶지 않겠소? 하지만 먹고 살 길이 없으니……."

남편은 방바닥이 꺼져라 한숨을 쉬었습니다.

강정일당은 남편을 물끄러미 바라보다가 붓과 종이를 달라고 해서 시 한 수를 썼습니다. 〈당신께 올립니다〉라는 시였습니다.

부끄럽게도 저는 재주와 덕이 없지만
어릴 적에 바느질을 배웠습니다.
앞으로는 글공부에만 힘쓰시고
먹고 사는 문제는 신경 쓰지 마십시오.

강정일당은 생계가 어려워 글공부를 못 하는 남편이 안타까웠습니다. 그래서 자신이 삯바느질로 생계를 떠맡을 테니, 먹고 사는 문제는 신경 쓰지 말고 글공부만 하라고 권하였던 것입니다.

그 후 강정일당은 시댁에 들어가 살며 집안 살림을 맡았습니다. 홀로 된 시어머니를 극진히 섬기며 길쌈과 바느질로 생계를 이어갔습니다. 아내 덕분에 남편은 아무 걱정 없이 글공부만 할 수 있었습니다.

강정일당은 남편을 헌신적으로 뒷바라지했습니다. 남편에게 권하여 좋은 스승을 찾아 가르침을 받게 했으며, 남편이 공부보다 다른 일에 빠져 있으면 글로써 그를 채찍질했습니다.

〈주역〉에 보면 '절제를 잃어 술에 취해 머리까지 적시지 말라.'
고 했습니다. 술은 음식 중에서 가장 큰 음식입니다. 당신은 술을
절제하셔서 덕을 잃지 마십시오.

낮잠을 많이 자면 정신이 흐리멍덩해지고, 말을 많이 하면 남을
헐뜯고 욕하게 됩니다. 또한 술을 많이 마시면 덕을 잃고 성질이
사나워지며, 담배를 많이 피우면 정신이 흐릿해지고 오만스레 보
입니다. 당신은 이 모든 것을 경계하고 공부에만 힘쓰십시오.

강정일당은 남편에게 할 말이 있으면 그 내용을 종이에 적어 보
냈습니다. 이러한 짧은 편지글을 '척독(尺牘)'이라고 합니다. 강
정일당은 편지글을 많이 남겼는데, 모두 남편에게 보낸 것이었습
니다.
강정일당이 편지글을 쓸 수 있었던 것은 남편이 이런 부탁을 했
기 때문입니다.
"나한테 충고할 일이 있으면 언제든지 해 주시오. 말로 하기 곤
란하면 편지글로 해도 좋소."
그래서 강정일당은 자주 편지글을 써서 남편에게 보냈습니다.

당신이 조금 전에 누구를 야단치는 소리를 들었습니다. 목소리

가 너무 사나워 듣기에 민망했습니다. 이것은 도리가 아니지요.
　남을 꾸짖을 때는 노여움을 가라앉히고 온화한 얼굴로 부드럽게 하십시오.

　우리 집에 오신 손님인 이원중 씨가 아침에 떠나실 때 왜 붙잡지 않으셨나요? 며칠 더 편안히 묵어가게 하셔야지요.
　물론 당신 마음을 모르는 바가 아닙니다. 제가 몸이 아프기 때문에 손님 대접을 하기 어렵다고 생각하셨겠지요. 그러나 저는 어제보다 몸이 조금 나아졌습니다. 그리고 쌀독에는 몇 되의 쌀이 남아 있습니다.
　아내를 생각해서 손님을 그냥 보내는 것은 사람의 도리가 아닙니다. 집안의 규범을 어긴 것이기도 합니다.
　손님을 대접하는 것은 조상을 모시는 일 다음으로 큰일입니다. 우리 집안을 생각해서라도 손님을 소홀히 대접해서는 안 됩니다.

　남편은 아내의 편지글을 받고는 자신의 허물을 깨달았습니다. 그리고는 그것을 고치려고 애를 썼습니다.
　한번은 이런 일이 있었습니다.
　강정일당의 남동생인 강일회가 집으로 찾아왔습니다. 날이 몹시 추운 날이었습니다. 남편은 아내에게 말했습니다.

"여보, 오랜만에 처남이 왔는데 밥을 짓도록 하시오."

그때 집에는 또 다른 손님이 와 있었습니다. 남편의 숙부인 윤광학이었습니다. 멀리 충청도 예산에서 와 열흘 가까이 묵고 있었습니다. 하지만 양식이 모자라 죽으로 대신하거나, 어떤 날은 양식이 떨어져 끼니를 거르기도 했습니다.

강정일당은 남편의 말을 듣고는 편지글을 써서 남편에게 전했습니다.

당신은 저에게 처남을 위해 밥을 지으라고 하셨습니다.

우리 집에는 숙부님이 와 계신데 왜 그런 부탁을 하십니까?

숙부님은 죽으로 끼니를 때우거나 거르시기도 했습니다. 그런데 오늘 갑자기 처남을 위해 밥을 짓는다면 숙부님이 어떻게 생각하시겠습니까?

만일 지금 밥을 짓는다면 당신은 처가 식구들이 자신의 일가보다 더 가깝고 소중한 것이 됩니다. 이것은 예법에 맞지 않습니다. 당신은 처가 식구들보다 자신의 일가를 먼저 챙기셔야지요. 의리상 안 그렇습니까?

따라서 저는 당신의 부탁을 따를 수가 없습니다.

남편은 집 안에 서당을 차려, 글공부를 하는 틈틈이 아이들을 가르쳤습니다. 강정일당은 남편이 훈장 노릇을 제대로 하는지 옆에서 지켜보고 그때그때 편지글을 써서 보냈습니다.

평민의 자식들 가운데서 재주가 있는 아이들은 중국 3대(하·은·주 시대)에도 버리지 않고 가르쳤다고 합니다. 지금 당신에게 배우는 아이들 가운데 노구는 성격이 예민하고 총명합니다. 그리고 이암은 어질고 두터우며, 유철은 마음을 다하여 어버이를 섬깁니다. 모두 가르칠 만한 아이들입니다. 그러니 신분이 천하다고 해서 소홀히 하지 마십시오.

강정일당이 길쌈과 바느질을 하고 남편이 아이들을 가르치지만, 집안 살림은 늘 어려웠습니다. 양식이 떨어져 사나흘씩 굶는 경우도 있었습니다.

하루는 남편의 서당에서 공부하는 아이가 밤 한 되와 고기 몇 조각을 가지고 왔습니다. 그것을 받아 두었다가 며칠 뒤에 보니, 밤은 반쯤 쥐가 먹어치웠고 고기는 상해 있었습니다.

강정일당은 밤을 칼로 잘라내고 물로 씻어 화롯불에 묻어 구웠습니다. 그리고는 동전 두 닢으로 술을 사서 데워 올리며 남편에게 이렇게 편지글을 썼습니다.

이것은 비록 자그마한 것이지만, 얼마나 어려운 사람이 보냈는지 잊지 마십시오. 이것을 드시고 허기를 면하면 바로 책을 펼쳐 들고 공부하시기를 천만 번 엎드려 빕니다.

편지글을 통해 알 수 있듯이 강정일당은 남편에게 충고를 아끼지 않은 어진 아내였습니다. 그는 남편이 학문에 힘쓰고, 성인들의 가르침을 좇아 훌륭한 인물이 되기를 바랐습니다. 남편 또한 아내의 충고를 고맙게 받아들여 교훈으로 삼았습니다.

강정일당은 남편의 어깨 너머로 글을 배웠습니다. 그러다가 30세가 되어서야 학문의 길로 들어섰습니다. 이때 지은 시가 〈시과(始課)〉, 즉 〈공부를 시작하며〉입니다.

> 서른 살에 글공부를 시작하니
> 더없이 어려운 학문의 길, 아득하기만 하구나.
> 지금부터라도 온힘을 다하여
> 나도 옛 현인들처럼 되리라.

강정일당은 살림을 하는 틈틈이 열심히 경전을 구해 읽었습니다. 이 무렵 남편에게 보낸 편지글을 보면 바쁜 중에도 공부에 대한 열정이 대단했다는 것을 알 수 있습니다.

들판에서 서늘한 바람이 불어오니 지금은 등불을 가까이할 때입니다. 당신은 손님을 모시거나 급한 일이 아니면 마음과 뜻을 모아 책을 읽으십시오. 저도 바느질과 식사 준비를 하는 틈틈이, 또는 밤에 시간을 내어 책을 읽고 깊이 있는 공부를 할 생각입니다.

'사서(〈논어〉, 〈맹자〉, 〈중용〉, 〈대학〉의 네 가지 책)'를 읽기 시작한 지 꽤 되었는데, 〈맹자〉 하권의 세 편은 아직 못 끝냈습니다. 하지만 머지않아 다 읽을 것입니다. 그 다음엔 당신을 좇아 〈주역〉을 해석하고 싶은데, 손님이 오신다면 그 일을 할 수 없겠지요.

부탁드릴 일이 있습니다. 〈시서대전〉을 읽고 싶은데, 김세마 씨에게 편지를 보내 그 책을 빌려다 주십시오.

강정일당은 늦게 공부를 시작했지만
남들보다 몇 배 더 열심히 했습니다.
그리하여 몇 년 뒤에는 경전에 두루 통하고
학식이 풍부한 학자가 되었습니다.

그는 시도 많이 썼는데, 여성 시인에게 흔히 볼 수 있는 감상적인 작품이 아니었습니다. 학문을 탐구하고 성인의 도를 실천하는 학자답게 학문이나 수신에 관한 작품이 대부분이었습니다.

다음에 소개하는 작품이 〈섣달 그믐날 밤〉이라는 시입니다.

세월을 헛되이 보내고
내일이면 내 나이 쉰하나.
한밤중에 탄식한들 무슨 소용이 있을까.
마음과 몸을 단련하며 남은 삶을 살리라.

강정일당은 자식 복이 없었습니다. 5남 4녀를 낳았지만 모두 어려서 죽었기 때문입니다.

하지만 강정일당은 좋은 남편을 만나 서로 사랑하며 학문의 길을 함께 걸어갈 수 있었습니다.

강정일당은 1832년(순조 32년) 61세의 나이로 조용히 눈을 감았습니다.

그로부터 4년 뒤, 강정일당의 남편 윤광연은 아내가 남긴 글을 모아 〈정일당 유고〉라는 문집을 펴냈습니다.

강정일당의 무덤은 경기도 성남시 수정구 금토동 청계산에 있으며, 청계산 아래에는 강정일당을 추모하는 사당이 세워져 있습니다.

**의병대장·
독립 운동가 편**

여성위인전

의병 노래를 지어
부른 여성 의병대장

윤희순

1860~1935, 의병대장, 독립 운동가. 시아버지 유홍석이 춘천 일대에서 의병을 일으키자 의병들을 돕는 일에 발 벗고 나섰으며, 〈안사람 의병 노래〉, 〈방어장〉 등의 의병 노래를 지어 의병들의 사기를 높였다. 1907년 유홍석이 다시 의병을 일으켰을 때는 친척 부녀자들과 마을 여자들을 끌어 모아 '안사람 의병대'를 만들고 의병대장이 되었다. 1910년 한일합방 뒤에는 가족을 따라 만주로 가서 '노학당'이라는 학교를 세우고 독립 운동을 했다. 시아버지와 남편이 잇달아 세상을 떠나고, 1935년 맏아들 유돈상마저 일본 경찰에게 고문을 당해 숨지자, 마지막으로 〈해주 윤씨 일생록〉을 쓴 뒤 식사를 끊고 한 많은 생애를 마쳤다.

1895년 늦가을의 어느 날이었습니다.

강원도 춘천의 가정리에 사는 선비 유홍석은 자신의 집에서 며느리와 마주앉아 있었습니다.

시아버지는 비장한 결심을 한 듯 며느리에게 힘주어 말했습니다.

"아가, 왜놈들은 민비를 끔찍하게 죽이더니, 이제는 조정 대신들을 움직여 단발령까지 내렸구나. 부모님으로부터 물려받은 머리카락을 마구 자르다니, 이것이 사람으로 할 짓이냐? 이대로 두면 이 나라는 곧 망하고 왜놈들의 세상이 될 것이다. 그래서 나는 국모의 원수를 갚고 나라를 구하기 위해 뜻있는 선비들과 의병을 일으키기로 결정했다."

유홍석의 아내는 이미 세상을 떠나고 없었습니다. 대신 16세에 유홍석의 아들 제원에게 시집와서 20년째 살림을 도맡아 하며 홀시아버지를 효성으로 섬기는 며느리가 있었습니다.

"아가, 내가 없더라도 평소와 다름없이 집안일을 잘 돌보도록 해라. 혹시 내가 살아 돌아오지 못한다면 조상을 잘 모셔 다오."

고개를 숙인 채 시아버지의 말을 듣고 있던 며느리는 무슨 결심을 한 듯 머리를 쳐들었습니다. 그리고는 또렷한 목소리로 말했습니다.

"아버님, 저도 아버님을 따라 의병에 나가겠습니다. 허락해 주십시오."

시아버지는 놀라는 표정을 지었습니다.

"그게 무슨 말이냐? 언제 죽을지 모르는 그 위험한 싸움터에 어떻게 여자의 몸으로 가겠다는 거냐?"

"아닙니다, 아버님. 아무리 여자라고 해도 나라 사랑하는 마음이 없겠습니까? 저도 나라를 구하는 일에 앞장서겠습니다."

"아니다. 너는 남아서 집안을 돌봐야 한다. 자식들을 훌륭하게 키우는 것이 네가 할 일이야. 자식들만은 이런 세상에서 살지 않게 해야지."

시아버지는 며느리가 따라가겠다는 것을 한사코 말렸습니다. 며느리는 할 수 없이 뜻을 접고 말았습니다.

이처럼 활발하고 씩씩한 기상을 지닌 며느리가 뒷날 의병대장, 독립 운동가로 눈부신 활약을 하는 윤희순입니다.

윤희순의 시아버지는 곧바로 집을 나와 춘천 일대에서 의병을 일으켰습니다. 친척인 유중악, 유중락 등과 함께 이소응을 의병대장으로 내세워, 의병을 진압하려는 관군과 맞서 싸운 것입니다.

한편, 시아버지를 눈물로 떠나보낸 윤희순은 산 위에 단을 쌓았습니다. 그리고 날마다 삼경(밤 11시부터 새벽 1시)이 되면 깨끗이 목욕을 하고 산 위로 올라가 정성을 다해 기도했습니다.

"산신령님, 저의 시아버님이 의병으로 나가셨습니다. 전쟁터에서 무사히 돌아올 수 있게 도와주십시오."

윤희순은 단 하루도 거르지 않고, 비가 오나 눈이 오나 기도를 계속했습니다.

기도를 시작한 지 여덟 달쯤 되었을 때였습니다. 드디어 시아버지가 무사히 돌아왔습니다. 윤희순은 너무 기뻐 눈물을 흘렸습니다.

"아버님! 무사하셨군요. 이게 다 산신령님 덕분이에요. 아버님이 전쟁터에서 무사히 돌아오시게 해 달라고 날마다 산에서 기도를 드렸거든요."

"오, 그랬구나. 그동안 전쟁터를 누비며 죽을 고비를 숱하게 넘겼는데, 내가 무사한 것은 네 간절한 기도 덕분이었구나. 고맙다, 아가. 너야말로 효부, 열녀다."

윤희순은 외롭게 집을 지키고 있었습니다. 남편은 오래 전부터 학문을 배우러 멀리 떠나 있고 시아버지마저 집을 비웠기 때문입니다. 그래서 윤희순은 1894년에야 낳은 맏아들 돈상이를 키우며 쓸쓸히 지내왔습니다.

"아가, 의병 전쟁이 쉽지 않구나. 처음에는 왜놈들의 앞잡이 노릇을 한 강원도 관찰사 조인승을 처단하는 등 싸우는 족족 이기고 기세를 올렸지. 하지만 가평 전투에서 크게 지고 나서는 관군에 쫓기는 신세가 되었단다. 결국 나는 충청도 제천 땅으로 가서 유인석의 의병대에 들어갔지."

유인석은 시아버지의 육촌 아우였습니다.

시아버지는 오랜만에 며느리가 차려 주는 저녁을 먹고 그 날 밤을 집에서 묵었습니다. 하지만 이튿날 날이 밝자 서둘러 제천으로 돌아갔습니다.

윤희순은 시아버지에게 들은 이야기가 머릿속에서 떠나지 않았습니다. 의병들이 양식이 떨어져 며칠씩 굶고 지낼 때가 많다는 것이었습니다.

'의병들을 도와야 할 텐데, 무슨 좋은 수가 없을까?'

윤희순은 집안일을 하다가도 손을 놓고 깊은 생각에 잠겼습니다.

하루는 어느 의병대 병사들이 마을로 몰려왔습니다. 이들은 관군과의 전투에서 패한 뒤 도망 다니느라 며칠째 아무것도 먹지 못했습니다.

"먹을 것을 좀 주시오. 우리는 지금 배가 고파 한 발자국도 움

직이지 못하겠소. 기진하여 쓰러질 것 같소."

의병들은 마을 사람들을 붙잡고 애원했습니다.

윤희순은 이들을 차마 외면할 수 없었습니다. 그래서 자기 집에 있는 쌀을 몽땅 털어 밥을 지어 주었습니다.

그즈음 윤희순은 생계에 보태려고 집에 숯가마를 두고 숯을 구워 팔았습니다. 그가 숯을 구워 놓으면 춘천의 숯장수들이 와서 곡식을 주고 숯을 가져갔습니다.

숯장수들 가운데는 윤희순의 집에 곡식을 잔뜩 맡겨 놓는 사람도 있었습니다. 숯을 사려고 그때그때 곡식을 가져오는 것이 번거롭기 때문입니다.

윤희순은 숯장수들이 맡겨 놓은 곡식까지 꺼내어 의병들에게 주었습니다. 의병들은 모처럼 밥을 배불리 먹고 양식까지 얻어 갈 수 있었습니다.

며칠이 지난 어느 날, 숯장수들이 윤희순의 집에 왔습니다. 이들은 맡겨 놓은 곡식이 모조리 없어진 것을 알고는 윤희순에게 항의했습니다.

"우리 곡식을 모두 어디로 빼돌렸소? 당장 곡식을 내놓으시오!"

숯장수들은 곡식을 내놓으라고 행패를 부리기까지 했습니다. 이에 친척들이 달려왔습니다. 그들은 저마다 곡식을 내놓아 숯장수들에게 입힌 손해를 갚아 주었습니다.

윤희순은 친척 부녀자들이 모인 자리에서 말했습니다.

"의병대가 큰 어려움을 겪고 있습니다. 여러분도 알다시피 우리 유씨 집안에는 여러 사람이 의병에 나가 있습니다. 의병들을 돕는 일에 우리 집안 사람들이 먼저 발 벗고 나서야 합니다."

윤희순은 친척들을 설득하여 의병을 돕는 모임을 만들었습니다. 여성 의병대의 시초가 되는 이 모임은 바로 유씨 집안 안사람들 모임이었습니다. 이들은 의병들이 마을로 몰려오면 앞장서서 밥을 해 주고 빨래를 해 주었습니다.

윤희순은 이 무렵 〈안사람 의병 노래〉를 지어 널리 퍼뜨렸습니다. 안사람들이 나서서 의병대를 도와주자는 내용이었습니다.

> 아무리 왜놈들이 포악하고 강성한들
> 우리도 뭉쳐지면 왜놈 잡기 쉬울세라
> 아무리 여자인들 나라 사랑 모를쏘냐
> 남녀가 유별한들 나라 없이 소용 있나
> 의병 하러 나가 보세 의병대를 도와주세
> 금수에게 불잡힌들 왜놈 시정 받들쏘냐
> 우리 의병 도와주세 우리나라 성공하면
> 우리나라 만세로다 안사람들 만만세라.

나라를 위해 안사람들이 일어서자는 이 노래는 입에서 입으로 퍼졌습니다. 어느새 여인들은 모이기만 하면 이 노래를 불렀습니다. 여럿이서도 부르고 혼자서도 불렀습니다. 나중에는 아이들까지 따라 부르는 노래가 되었습니다.

윤희순은 청년들이 부를 노래도 지었습니다. 〈방어장〉이라는 노래인데, 전국의 청년들에게 의병 하러 나가자고 권하는 내용이었습니다.

우리 조선 청년들아 의병 하러 나가 보세

의병 하여 나라 찾자 우리 임금 세도 없어 왜놈들이 강성하니

빨리 나와 의병 하고 의병 하여 애국하고 충신 되자

조선 의기 청년들아 빨리 나와 의병 하여 보세

아낙네도 나와 의병을 돕는데

우리 청년들이 나라를 잃고 가만히 있을쏘냐

너도 나가고 나도 나가자 나라 없이 살 수 있나

죽더라도 나가 보세 왜놈들을 잡아다가

살을 갈고 뼈를 갈아도 한이 안 풀리는데

우리 청년들이 가만히 있을쏘냐

나가 보세 의병 하러 나가 보세.

조선의 청년들은 이 노래를 부르고 애국심에 불탔습니다. 모두들 다투어 의병을 하러 나갔습니다.

윤희순은 노래뿐 아니라 경고문도 썼습니다. 〈왜놈 대장 보거라〉라는 제목의 경고문을 일본인 대장의 집 대문에 써 붙여, 그의 간담을 서늘하게 했습니다.

우리 임금, 우리 안사람들을 괴롭히면 우리 조선 안사람도 가만히 보고만 있을 줄 아느냐. 우리 안사람도 의병을 할 것이다. ……

좋은 말 할 때 순순히 너희 나라로 물러가라. 왜놈 대장아, 우리 조선 안사람이 경고한다.

윤희순은 '안사람 의병 운동'을 활발히 했습니다. 이 운동은 1907년 의병 항쟁 때 '안사람 의병대'로 발전하게 됩니다.

윤희순의 시아버지 유홍석은 제천 의병에 가담했다가 유인석과 함께 중국으로 쫓겨 갔습니다. 그랬다가 1897년 10월 고국으로 돌아왔습니다.

1905년 일제는 을사조약을 강제로 체결하고, 1907년 헤이그 밀사 사건을 구실로 고종 황제를 물러나게 했습니다. 그리고 한국 군대마저 해산시켜 버렸습니다.

이렇게 되자 군인들까지 의병에 가담하여 전국적으로 의병 투쟁이 거세게 일어났습니다.

윤희순의 시아버지 유홍석 또한 가만히 있지 않았습니다. 그는 유중악과 함께 나서서 의병 600여 명을 모았습니다. 이때 온 마을에 울려 퍼진 노래가 〈방어장〉과 〈안사람 의병 노래〉였습니다.

유홍석은 춘천의 가정리 여의내 골에서 의병들을 훈련시켰습니다. 그리고는 가평 주길리 전투에 나갈 준비를 했습니다. 하지만 탄약과 양식이 모자라 바로 전투에 나설 수 없었습니다. 싸워

봤자 질 것이 뻔했습니다.

이때 윤희순은 유인석의 부인을 비롯한 친척 부녀자들과 마을 여자들을 끌어 모았습니다. 한자리에 모이니 서른 명쯤 되었습니다. 윤희순은 이들에게 큰 소리로 말했습니다.

"이제부터는 우리 안사람들이 나서야 합니다. '안사람 의병대'를 만들어 우리도 의병과 함께 싸웁시다. 의병들은 지금 무기와 양식이 부족해 전투를 치르지 못하고 있습니다. 우리가 팔을 걷어붙이고 나서서 의병 자금을 거둬들이고 남자 의병들의 뒷바라지를 합시다. 그리고 남자 의병들과 더불어 군사 훈련도 받읍시다."

그 자리에 모인 부녀자들은 모두 찬성했습니다. 그래서 '안사람 의병대'가 만들어졌습니다.

여자 의병들은 마을을 돌아다니며 의병 자금을 거두었습니다. 69명의 부녀자들에게 받은 돈이 모두 350냥이었습니다. 그 돈으로 놋쇠와 구리를 사들여 무기와 탄약을 직접 만들었으며, 쇠똥과 찰흙을 섞어 화약도 만들었습니다. 또한 남자 의병들과 더불어 고된 훈련도 받았습니다.

안사람 의병대의 의병대장은 윤희순이었습니다. 그는 훈련을 받을 때 자신이 지은 의병 노래들을 부르게 하여 의병들의 사기를 북돋웠습니다.

드디어 의병들은 가평 주길리 전투에 나섰습니다. 유홍석의 의병대는 관군과 여러 차례 치열한 싸움을 벌였습니다. 그러나 관군은 의병대보다 그 수가 많고 최신 무기로 무장을 했습니다. 의병대는 싸움이 거듭될수록 관군에게 밀릴 수밖에 없었습니다.

의병들은 관군에게 크게 패하고는 뿔뿔이 흩어졌습니다. 유홍석도 전투에서 부상을 입어 제천 장담리에 있는 유중교의 집으로 피신했습니다. 그리고는 치료를 받으며 다시 의병을 일으킬 궁리를 했습니다.

1910년 8월 29일, 유홍석은 하늘이 무너지는 소식을 들었습니다. 한일합방이 되어 조선이 일본 땅이 되었다는 것이었습니다.

"아이고, 이제 나라가 망했구나! 우리 땅이 왜놈들의 세상이 되어 버렸어."

유홍석은 땅을 치고 통곡했습니다.

"나는 이제 왜놈들이 다스리는 땅에서 살 수 없다. 그렇게 사느니 차라리 모두 함께 죽자꾸나."

유홍석은 가족들을 모아 놓고 이렇게 말했습니다.

그때 아들 유제원이 입을 열었습니다.

"아버지, 우리에게는 할 일이 있습니다. 왜놈들을 이 땅에서 몰아내는 일입니다. 그래서 빼앗긴 나라를 다시 찾아야지요."

윤희순도 남편을 거들고 나섰습니다.

"그렇습니다, 아버님. 왜놈 밑에서 살 수 없다면 중국으로 넘어

가서라도 나라를 찾는 투쟁을 해야지요."

유홍석은 한참 생각에 잠겼다가 말했습니다.

"너희들 생각이 옳다. 아가, 우리는 먼저 중국으로 떠날 테니 너는 아이들과 남아라. 가산을 정리하는 대로 우리에게 오너라."

이튿날, 유홍석은 아들 유제원과 중국으로 떠났습니다.

다음 날 아침이었습니다. 느닷없이 일본 순사들이 집으로 들이닥쳤습니다. 그들은 집 안을 샅샅이 뒤지고는 윤희순에게 소리쳤습니다.

"유홍석이 어디 갔느냐? 그가 숨어 있는 곳을 말하라!"

윤희순은 눈을 부릅뜨고 호통을 쳤습니다.

"시아버님은 왜놈들을 몰아내고 나라를 구하기 위해서 평생 싸워 오신 분이다. 내가 시아버님이 어디 가셨는지 안다 해도 시아버님의 원수인 너희들에게 알려 줄 것 같으냐? 어림도 없다!"

윤희순의 집에는 열일곱 살인 맏아들 돈상, 열네 살인 둘째 아들 민상, 아홉 살인 셋째 아들 교상 등 세 아들이 있었습니다.

일본 순사는 갑자기 돈상에게 심한 매질을 하며 말했습니다.

"네 큰아이를 때려죽이겠다. 그래도 시아버지가 있는 곳을 말하지 않겠느냐?"

그러나 윤희순은 그들의 협박에 굴복하지 않았습니다. 오히려 당당한 태도로 이렇게 대답했습니다.

"어린 자식과 나를 죽인다고 해서 큰일 하시는 아버님의 목숨과 바꿀 줄 아느냐? 헛수고하지 마라. 천 번 만 번 죽어도 말 못한다."

일본 순사들은 윤희순의 의기에 눌려 버렸습니다. 아무리 협박해 봐야 소용없음을 알고 순순히 물러갔습니다.

윤희순의 맏아들 유돈상은 뒷날 이 일을 회상하며 이렇게 말했습니다.

"그 날 정말 무서웠어요. 저는 꼭 죽는 줄로만 알았다니까요."

윤희순은 가산을 정리한 뒤, 1911년 시아버지와 남편이 있는 중국으로 갔습니다.

1912년 윤희순은 만주의 환인현 보락보진에 '노학당'이라는 학교를 세웠습니다. 동창 학교의 분교였습니다. 윤희순은 이 학교 교장으로 일하며 독립 운동을 했습니다.

그는 연설을 굉장히 잘했습니다. 그래서 얻은 별명이 '연설 잘하는 윤 교장'이었습니다. 윤희순은 마을마다 돌아다니며 조선 사람과 중국 사람들에게 자기가 지은 노래를 가르치고, 일본에 반대하는 연설을 했습니다.

"왜놈들은 조선뿐 아니라 중국까지도 집어삼키려 합니다. 우리 조선 사람들은 왜놈들을 몰아내기 위해 목숨을 내놓겠습니다. 그러니 중국 사람들은 우리에게 양식과 터전을 주십시오."

연설을 들은 사람들은 감동을 받아 독립 운동 자금을 내놓기도 했습니다.

만주에서는 불행한 일들이 잇달아 생겼습니다. 1913년 12월 시아버지 유홍석이 병에 걸려 세상을 뜨더니, 2년 뒤에는 남편 유제원이 일본 경찰에 붙잡혀 심한 고문으로 목숨을 잃었습니다. 게다가 얼마 뒤에는 일본 경찰에 의해 노학당이 문을 닫게 되었습니다.

윤희순은 시련과 고난이 닥쳐도
독립 운동을 그만두지 않았습니다.

그는 유돈상, 유교상 등 아들들과 함께 대한독립단에 가입하여, 독립 자금을 모으고 비밀 문서를 전하는 등 활발한 활동을 했습니다. 온 식구가 독립 운동을 하기 때문에 그의 가족은 '가족 부대'라고 불리기도 했습니다.

윤희순은 어느 새 환갑을 훌쩍 넘긴 노인이 되었습니다. 1923년 1월 15일 밤, 그는 잠을 못 이루고 뒤척였습니다.

'고향을 떠나온 지 10년이 넘었구나. 나라 잃은 설움이 이다지

도 서러울까. 어느 때나 해방이 되어 고향에 갈 수 있을까. 슬프고도 슬프도다. 이 내 신세 슬프도다.'

윤희순은 한숨을 푹푹 쉬며 신세타령을 했습니다. 그리고 그것을 그대로 옮겨 〈신세타령〉이라는 노래를 만들었습니다.

슬프고도 슬프도다 이 내 신세 슬프도다
이국만리 이 내 신세 슬프고도 슬프도다
보이는 눈 소경이요 들리는 귀 막혔구나
말하는 입 벙어리요 슬프고도 슬프도다

이 내 신세 슬프도다 보이나니 까마귀라
이 내 몸도 슬프건만 우리 의병 불쌍하다
우리 조선 어디 가고 왜놈들이 득세하나
우리 임금 어디 가고 왜놈 대장 활개 치나
우리 의병 어디 가고 왜놈 군대 득세하니
이 내 몸 어이할꼬 어디 간들 반겨줄까
어디 간들 오라 할까 가는 곳이 내 집이요
가는 곳이 내 땅이라 슬프고도 슬프도다

배고픈들 먹어 볼까 춥다한들 춥다 할까
내 땅 없는 설움이란 이렇다시 서러울까
임금 없는 설움이란 어느 나라 반겨줄까
가는 곳이 설움이요 발짝마다 가시로다
충신들은 고생하고 역적들은 죽건마는
충신들을 고생시켜 어이 이리 하잔 말가

애닯도다 애닯도다 우리 의병 불쌍하다
이역만리 찬바람에 발짝마다 얼음이요
발짝마다 백설이라 눈썹마다 얼음이요
수염마다 고드름에 눈동자는 불빛이라
부모처자 떨쳐 놓고 나라 찾자 하는 의병
불쌍하다 어이할고 어이할고 애닯도다

물을 잃은 기러기가 물을 보고 찾아가니
맑은 물이 흙탕이요 까마귀가 앉았구나
슬프고도 슬프도다 이 내 신세 슬프도다
이 내 몸도 곱던 얼굴 주름살이 되었어라
후년에나 고향 성묘 절해 볼까 하는 것이
주름살이 되어 가니 불쌍할사 이 내 신세

나라 잃은 설움이란 이렇다시 서러울까
어느 때나 고향 갈까 죽은 고혼 고향 갈까
까막까치 밥이 될까 어느 짐승 밥이 될까
어느 사람 만져 줄까 나라 잃은 설움이란
하루 살면 살았거늘 어이 이리 서러우랴
우리 의병 슬프도다 이 내 몸도 슬프도다

둘도 없는 목숨 하나 나라 찾자 하는 의병
장하기도 장하도다 이역만리 타국 땅에
남겨 둔 건 눈물이라 슬프고도 슬프도다
이렇다시 슬플쏘냐 울어 본들 소용없고
가슴 속만 아파지네 슬프고도 서럽구나
이 내 몸도 슬프련만 우리 의병 불쌍하다

엄동설한 찬바람에 잠을 잔들 잘 수 있나
동쪽 하늘 밝아지니 조석거리 걱정이라
이리하여 하루살이 맺힌 것이 왜놈이라
어리석은 백성들은 왜놈 앞에 종이 되어
저 죽을 줄 모르고서 왜놈 종이 되었구나
슬프고도 슬프도다 맺힌 한을 어이할고

자식 두고 죽을쏘냐 원수 두고 죽을쏘냐
내 한 목숨 죽는 것은 쉬울 수도 있건만은
만리타국 원한 혼이 될 수 없어 서럽구나
이 내 신세 슬프도다 어느 때나 고향 가서
옛말 하고 살아 볼까 애닯도다 애닯도다
방울방울 눈물이라 맺히나니 한이로다

윤희순이 지은 〈신세타령〉은 슬프고도 서러웠습니다. 이 노래를 듣고 눈물을 흘리지 않는 조선 사람이 없었습니다.

1935년 윤희순의 맏아들 유돈상이 일본 경찰에 붙잡혔습니다. 만주 무순에서 조선 독립단을 다시 만들어 활동하던 중, 처남 음성국과 함께 감옥에 갇힌 것입니다. 그는 일본 순사에게 모진 고문을 당한 끝에 7월 19일 숨을 거두었습니다.

윤희순은 맏아들마저 세상을 떠나자 원통하고 분하여 견딜 수가 없었습니다. 일본이 제멋대로 날뛰는 모습을 보면서는 더 이상 살고 싶지 않았습니다.

윤희순은 마지막으로 〈해주 윤씨 일생록〉을 썼습니다. 자신이 어떻게 살아왔는지 기록하고, 자손들에게 훈계하는 말을 적은 글이었습니다.

너희들은 우리 조상이 얼마나 큰 고생을 했는지 생각하고, 돈과 권력에 눈이 어두워지면 안된다. 사람의 도리가 무엇인지 생각하고, 하지 말아야 할 일은 절대로 하지 마라. 충효 정신을 결코 잊어선 안 된다.

윤희순은 자손들에게 당부하는 말을 남긴 뒤, 일체 식사를 하지 않았습니다. 그리고 1935년 8월 1일 76세의 나이로 한 많은 생애를 마쳤습니다.

**의병대장·
독립 운동가 편**

여성위인전

한국 독립군의 어머니

남자현

1872~1933, 의병대장, 독립 운동가. 경상북도 안동군 일직면 일직리에서 한학자인 남정한의 둘째 딸로 태어나 어려서부터 아버지에게 글을 배웠다. 1895년 을미사변이 일어나자 집에서 뛰쳐나가 의병대장이 되었으며, 일본군과의 전투에서 남편을 잃었다. 3·1 운동 때 만세를 부르고 만주로 떠나 서로군정서의 여성 대원으로 활동했다. 1925년 사이토 조선 총독을 암살하려고 서울로 들어갔다가 실패하여 돌아갔으며, 1932년 국제 연맹이 파견한 조사단이 만주로 왔을 때는 자신의 손가락을 잘라 보내 조선의 독립을 호소했다. 1933년 만주국 주재 일본 대사 겸 일본 관동군 사령관 다께후지를 암살하려고 계획했다가 일본 경찰에 붙잡혔다. 이때 5개월 넘게 고문을 당한 뒤 17일 동안 단식 투쟁을 벌였다가 감옥에서 풀려나 세상을 떠났다.

"허허, 기특하구나. 책을 손에서 놓지 않다니……. 책이 그렇게 좋으냐?"

"예, 아버지."

경상북도 안동군 일직면 일직리에 사는 남정한은 통정대부를 지낸 한학자로, 70여 명의 제자에게 한학을 가르치고 있었습니다.

그는 일곱 살도 안 된 딸 자현이 온종일 책을 가지고 놀자 흐뭇해했습니다.

"자현아, 이제부터는 책을 읽을 수 있게 글을 가르쳐 주마."

아버지는 딸에게 직접 글을 가르쳤습니다. 자현은 일곱 살에 혼자서 책을 읽을 수 있게 되었습니다. 12세에는 〈소학〉과 〈대학〉을 떼었으며, 14세에는 〈논어〉, 〈맹자〉, 〈중용〉 등을 배웠습니다.

19세가 되자 아버지는 자현에게 말했습니다.

"너도 이제 시집갈 나이가 되었구나. 네게 좋은 배필을 정해

주마."

　남정한의 제자 가운데는 김영주라는 젊은이가 있었습니다. 김영주는 경상북도 영양군 석보면 지경동에 사는데, 남정한에게 와서 한학을 배우고 있었습니다. 스승 못지않게 나라 사랑하는 마음이 큰 선비였습니다.

　남정한은 자신의 딸을 김영주에게 시집보냈습니다. 그리하여 남자현은 지경동에 있는 의성 김씨 집안에서 살게 되었습니다.

　남자현이 24세가 되는 해인 1895년 을미사변이 일어났습니다. 일본 제국주의자들이 명성황후를 참혹하게 살해한 것입니다.

　이 끔찍한 소식을 들은 남자현은 집 안에 편안히 앉아 있을 수 없었습니다. 그는 집을 나서며 남편에게 말했습니다.

"이 나라가 무너질 위기에 처해 있습니다. 나라가 무너지면 우리 집안이 무사하겠습니까? 저는 목숨을 바쳐 나라의 원수를 갚기로 마음먹었습니다. 우리는 저승에서 만나도록 하지요."

　남자현은 여자의 몸으로 의병을 모으고 일본군에 맞섰습니다.
　남편 김영주도 남자현을 따라 의병에 가담해 일본군과 싸웠습니다.

1896년 7월 11일, 경상북도 진보군 진보면 홍구동에서는 의병과 일본군의 치열한 전투가 벌어졌습니다. 김영주는 이 전투에서 용감하게 싸우다가 죽고 말았습니다.

　남자현은 남편의 시신을 보고는 큰 소리로 외쳤습니다.

　"국모를 시해한 원수들이 이제는 내 남편까지 죽였구나. 일본은 나라의 원수이면서 나의 원수다. 반드시 이 원한을 갚아 주리라."

　남자현은 의병장이 되어 일본군을 상대로 격렬한 전투를 벌였습니다.

　이때 남자현의 뱃속에는 아기가 자라고 있었습니다. 이 사실을 뒤늦게 안 남자현은 더 이상 의병 활동을 할 수가 없었습니다.

　'분하다. 언젠가는 기필코 남편의 원수를 갚으리라.'

　남자현은 집으로 돌아와 아기를 낳았습니다. 이렇게 해서 유복자(어머니의 뱃속에 있을 때 아버지를 여의고 태어난 자식)이자 3대 독자로 태어난 아이가 김성삼이었습니다.

　남자현은 아이를 돌보고 시어머니를 모셔야 했기에, 일본군과 싸우는 일에 나설 수 없었습니다. 다음을 기약하며 집안일에만 힘썼습니다. 그가 시어머니를 어찌나 정성스럽게 섬기는지 진보군에서 효부로 뽑혀 상을 받기까지 했습니다.

　일본은 1905년 조선과 강제로 을사조약을 체결하더니, 1910년 한일합방으로 조선을 손아귀에 넣었습니다. 그리하여 조선 사람들은 나라를 빼앗기고 일본의 식민지 백성이 되어 버렸습니다.

그러나 그들은 일본에게 고분고분 노예로만 살지 않았습니다. 1919년 조선 독립을 외치며 온 민족이 들고 일어난 것입니다.

3·1 운동이 일어날 즈음, 남자현은 서울 남대문에 사는 친구로부터 비밀 편지를 받았습니다.

서울에서 이제 곧 일본을 쫓아내고 민족의 자주 독립을 이루려는 만세 시위 운동이 있을 거야.

남자현은 편지를 읽고 가슴이 뛰었습니다.

'내가 기다렸던 날이 왔구나. 일본을 쫓아내는 일에 내가 빠질 수야 없지.'

남자현은 편지를 받는 대로 서울로 올라갔습니다. 연희 전문학교 근처에 있는 예배당을 찾아갔습니다. 마침 그곳에서는 비밀 회의가 열리고 있었습니다.

"이것이 독립 선언서입니다. 한 뭉치씩 드릴 테니 3월 1일 오후에 시민들에게 나누어 주고 거리에서 일제히 '대한 독립 만세'를 외치는 겁니다."

남자현은 독립 선언서 뭉치를 받아 들고 3월 1일 오후에 거리로 나섰습니다. 그는 독립 선언서를 사람들에게 나누어 주고 목이 터져라 만세를 불렀습니다.

"대한 독립 만세! 대한 독립 만세!"

3·1 운동을 주도한 사람들은 주로 기독교인들이었습니다. 남자현은 이 사실을 알고 자신도 기독교인이 되었습니다.

1919년 3월 9일, 남자현은 만주로 떠났습니다. 일제가 3·1 운동을 무자비한 폭력으로 진압하는 것을 보고, 만주에서 독립 운동을 본격적으로 하기 위해서였습니다.

남자현은 만주의 요녕성 유하현 삼원보로 갔습니다. 그곳에는 남편의 의병 운동 동지였던 남성노, 서석조, 채찬, 이하진, 최영호 등이 일제에 맞서 무장 투쟁을 하고 있었습니다.

1919년 4월 상해에 임시 정부가 수립되고, 11월에 독립 운동 단체들이 '서로군정서'로 통합되었습니다. 남자현은 서로군정서에 들어가 여성 대원으로 활동했습니다.

"서로군정서에는 여성 대원이 남자현 동지 한 사람뿐입니다. 마을을 돌아다니며 우리 교포들에게 독립 정신을 불어넣어 주고, 독립 자금을 모으는 일을 하세요."

"잘 알겠습니다."

이때부터 남자현은 바쁜 나날을 보냈습니다. 만주에 있는 여러 마을을 다니며 독립 자금을 모으고, 교포 여성들을 계몽시키는 일을 열심히 한 것입니다. 남자현이 액목, 화전, 반석 일대에 조직한 여자 교육회가 20여 개나 되고, 북만주 일대에 세운 교회가 12개에 이르렀습니다.

이에 앞서 서로군정서가 일본군의 대대적인 토벌 작전을 피해 북간도 지방으로 옮겨 갈 때는 남자현도 함께했습니다. 이때 일본군의 기습으로 전투가 벌어져 많은 부상병이 나왔는데, 남자현은 밤낮을 가리지 않고 간호에 매달렸습니다. 자기 자식들 대하는 듯 자애로운 손길에 독립군들은 큰 감동을 받았습니다. 이때부터 그들은 남자현을 어머니처럼 믿고 따라, 남자현은 '독립군의 어머니'가 되었습니다.

1922년 남만주에 있는 독립 운동 단체들은 화합하지 못하고 서로 헐뜯기에 바빴습니다. 적의 진영 앞에서 힘을 모아 싸울 생각은 안 하고 자기편끼리 싸우는 꼴이었습니다.

남자현은 이것을 보다 못해 자기 손가락을 잘라 피로 글씨를 썼습니다.

지금 우리는 서로 싸울 때가 아닙니다. 한마음 한뜻으로 한데 뭉칩시다.

남자현의 피 끓는 호소는 교포들의 마음을 움직였습니다. 이들

 은 남자현의 고귀한 뜻을 나무 비석에 새겨 기렸으며, 김동삼을 중심으로 통의부라는 독립 운동 통일 단체가 만들어지기에 이르렀습니다.
 이 무렵 남자현이 가장 힘을 쏟은 것이 독립 자금을 모으는 일이었습니다. 1922년 9월, 남자현은 채찬 동지와 함께 몰래 조선

에 숨어 들어가 독립 자금을 모아 오기도 했습니다.

남자현이 두 번째로 조선에 숨어든 것은 사이토 조선 총독 암살 모의를 할 때였습니다.

1925년 4월, 남자현은 길림의 어느 중국인 집에서 채찬, 박청산 등의 동지와 비밀 회의를 했습니다.

"일제에 충격을 주려면 사이토 조선 총독을 암살해야 합니다."

"우리가 조선으로 들어가 사이토를 직접 죽입시다."

그때 남자현이 끼어들었습니다.

"저도 가겠습니다. 제 손으로 사이토 총독을 해치우겠어요."

남자현은 동지들과 뜻을 모아 사이토 총독 암살 계획을 세웠습니다. 그리하여 서울로 숨어들어 혜화동에 비밀 아지트를 만든 뒤, 폭탄을 점검하며 기회를 노렸습니다. 그러나 동지 한 사람이 일본 경찰에게 미행을 당하는 바람에 암살 계획은 실패로 끝나고 말았습니다.

서울 일대에는 일본 경찰이 쫙 깔려 거미줄 같은 경계망을 폈습니다. 남자현은 그 경계망을 뚫고 만주로 돌아갔습니다.

일본 경찰은 남자현을 잡으려고 남자현의 사진을 구해 만주의 순사와 헌병들에게 나누어 주었습니다. 남자현은 호탄현이라는 곳을 지나다가, 일본 경찰의 앞잡이인 조선인 순사에게 붙잡히고 말았습니다. 그는 홍씨 성을 가진 순사였습니다.

남자현은 홍 순사에게 타이르듯이 말했습니다.

"나는 여자의 몸으로 수천 리 떨어진 중국 땅에 와서 조국의 독립을 위해 일하고 있소. 그런데 당신은 나와 조상이 같은 조선 사람이면서 어째서 나 같은 사람을 잡아들이는 일을 하는 거요?"

홍 순사는 남자현의 말에 부끄러움을 느꼈습니다. 그는 남자현에게 자신의 잘못을 사과하고는 남자현을 풀어 주었습니다. 뿐만 아니라 홍 순사는 안전하게 길을 안내하며 여비에 보태 쓰라고 70원을 내어 놓았습니다.

1932년 9월, 국제 연맹에서는 만주로 조사단을 보냈습니다. 중국과 일본의 관계를 조사하는 이 조사단의 단장은 리튼 경이었습니다. 하얼빈에 도착한 리튼 경은 흰 천에 싸인 손가락을 받고 기겁을 했습니다. 흰 천에는 피로 '조선은 독립을 원합니다' 라고 씌어 있었습니다.

"도대체 이것을 누가 보냈느냐?"

"남자현이라는 여성 독립 운동가가 자기 손가락을 잘라 보냈습니다."

이 일은 세계로 널리 알려져 큰 충격을 주었습니다. 남자현은 일제에 나라를 빼앗긴 조선의 독립을 세계에 호소하려고, 남자도 할 수 없는 대범한 일을 한 것입니다.

남자현의 아들 김성삼은 어머니의 뜻에 따라 신흥 무관 학교에 다녔습니다. 신흥 무관 학교는 독립군을 길러내는 곳이었습니다.

그 후 김성삼은 결혼하여 김시련, 김시복 등 아들 삼형제를 낳았습니다. 그는 1923년부터 액목현 교하에 살면서 열심히 장사를 했습니다. 남자현이 만주를 돌아다니며 마음껏 독립 운동을 할 수 있었던 것은 아들이 장사를 하여 가족의 생계를 꾸려 나갔기 때문입니다.

하루는 김성삼이 어머니와 함께 길을 가다가 일제의 밀정(스파이)을 만났습니다. 남자현은 아들에게 귀엣말을 했습니다.

"성삼아, 보자기 갖고 있니?"

"예, 어머니. 갑자기 보자기는 왜 찾으세요?"

"다 쓸 데가 있다."

남자현은 보자기를 받아 들고 길가에 있는 가지밭에 들어갔습니다. 그러더니 가지를 하나 뚝 따서 보자기에 싸고는 밀정에게 다가갔습니다.

"꼼짝 마라! 손 들어!"

보자기에 싼 가지를 밀정의 등에 들이대자, 밀정은 얼굴이 하얗게 질렸습니다. 총부리를 들이대고 자기를 위협하는 줄 알았던 것입니다.

남자현은 밀정을 집으로 끌고 갔습니다.

겁에 질린 밀정은 눈물을 뚝뚝 흘리며 손이 발이 되도록 빌었습니다.

"제발 살려 주십시오. 제가 잘못했습니다. 다시는 밀정 노릇을 하지 않겠습니다."

"밀정을 하다가 또 한 번 걸려들면 그때는 용서하지 않겠다. 네가 울면서 용서를 비니 이번만 살려 주겠다."

남자현은 두 시간 만에 밀정을 풀어 주었습니다.

1933년 3월 1일은 만주국 건국 첫돌을 기념하는 날이었습니다. 일제는 만주에 자기들의 괴뢰 정권을 세우고 건국 1주년 기념식을 성대하게 열기로 했습니다.

이 소식을 들은 남자현은 동지들이 모인 자리에서 말했습니다.

"기념식에는 만주국 괴뢰 정권을 조종하는 만주국 주재 일본 대사 겸 일본 관동군 사령관 다께후지가 참석할 것입니다. 그를 암살할 수 있는 절호의 기회입니다."

"좋소. 다께후지를 해치워 왜놈들의 손에 죽어간 동지들의 원한을 풀어 줍시다."

남자현은 이규동, 손보현 등의 동지들과 머리를 맞대고 다께후지 암살 계획을 의논했습니다. 기념식에 다께후지가 나타나면 폭탄을 던지거나 총을 쏘아 그를 해치운다는 것입니다.

남자현은 3월 1일을 기다리다가 2월 27일에 하얼빈에 갔습니

다. 거사에 쓸 무기를 구하기 위해서였습니다.

   남자현은 변장술이 뛰어났습니다. 청나라 여자, 조선의 농촌 아낙, 만주의 노파, 멋쟁이 양장 부인 등 그때그때 모습을 바꾸며 부지런히 돌아다녔습니다.

 폭탄과 권총을 구해 몸에 지닌 남자현은 만주의 거지 노파로 변장하고 있었습니다. 그리고 그 옷 속에는 남편이 마지막으로 입었던 피 묻은 의병 옷을 껴입고 있었습니다.
 그러나 이때는 이미 조선인 밀정에게 암살 계획이 새어 나가,

봉천에서 손보현 동지가 일본 경찰에 체포된 뒤였습니다. 남자현은 하얼빈 가까이에 있는 정양가를 지나다가 일본 경찰에 체포되고 말았습니다.

그는 일본 영사관 감옥으로 끌려가서 5개월 넘게 혹독한 고문을 당했습니다. 그러나 남자현은 이에 굴하지 않고 감옥에서도 투쟁을 했습니다. 8월 6일부터 17일 동안이나 단식 투쟁을 벌인 것입니다.

이때 남자현의 나이 62세였습니다. 그 나이에 여자의 몸으로 고문을 당한데다 단식까지 했으니, 사경에 이르게 된 것은 당연한 일이었습니다.

보석으로 풀려난 남자현은 조선 사람의 여관으로 실려 갔습니다. 뒤늦게 연락이 닿아 아들이 달려오자 남자현은 아들의 손을 잡고 말했습니다.

"조선의 독립은 조선 사람의 정신으로 이루어지느니라. 조선 사람은 조선 사람의 정신을 잃지 말고 끝까지 싸워야 한다."

그리고는 아들에게 자신의 옷보따리를 풀어 중국옷을 가져오라 하더니, 깃 속을 뜯고 감춰 둔 돈 248원 80전을 꺼내라고 했습니다.

"성삼아, 조선의 독립이 이루어지는 그 날에는 이 돈 가운데 200원은 독립 축하금으로 바쳐라. 그리고 40원은 맏손자의 학비로 쓰고, 나머지 8원 80전은 나의 친정집 증손자에게 주어라. 조선의 독립이 손자 대에 이루어진다 해도 내 이 유언은 반드시 지켜야 한다."

남자현은 유언을 남기고 조용히 숨을 거두었습니다.

아들 김성삼은 8·15 해방이 된 뒤 어머니의 유언을 받들었습니다. 1946년 3·1절 기념식에서 어머니로부터 받은 200원을 백범 김구에게 바쳤던 것입니다.

의병대장·독립 운동가 편

여성위인전

항일 독립 운동에
평생을 바친 애국 지사

김마리아

1892~1944, 독립 운동가, 교육자. 세 살 때 아버지, 열네 살 때 어머니를 여의었다. 서울 정신 여학교를 졸업했으며 일본 히로시마 고등 여학교에서 1년 동안 공부한 뒤 1913년 정신 여학교 교사로 재직, 1915년 다시 일본 유학을 떠나 도쿄 여자 학원 본과 1년, 고등과 3년 과정을 다녔다. 1919년 2·8 독립 운동에 가담했다가 일본 경찰에 체포되기도 했다. 고국으로 돌아와 황에스더 등 여성 동지들과 대한민국 애국부인회를 조직했지만 비밀 활동이 발각되어 일본 경찰에 모진 고문을 당한 뒤 병보석으로 풀려났다. 그 뒤 중국으로 망명했다가 미국 유학을 떠나 파크 대학, 시카고 대학 등에서 공부했다. 1932년 귀국해 마르타 윌슨 신학교 교수로 취임하여 성경 강의와 기독교 전도 활동을 하며 여생을 보냈다.

"**숙모**, 재미있는 옛날이야기 좀 해 주세요."

마리아는 저녁상을 물리고 나자 작은 숙모 정경순에게 졸라댔습니다. 할머니, 삼촌, 고모, 사촌들이 함께 사는 마리아 집 안방에는 식구들이 등잔불 앞에 앉아 있었습니다.

"어젯밤에도 옛날이야기를 해 주었잖니. 그런데 또 옛날이야기가 듣고 싶어?"

숙모는 바느질하던 손을 멈추고 옆에 앉은 여덟 살짜리 조카를 돌아보았습니다.

마리아가 대답했습니다.

"예. 숙모가 들려주시는 옛날이야기는 들으면 들을수록 재미있어요."

마리아는 여자아이였습니다. 그런데 남자 옷을 입고 있었습니다. 셋째는 아들이기를 바랐는데 또 딸을 낳아, 부모님은 그 아쉬

움을 달래려고 어려서부터 마리아에게 남자 옷을 입혀 길렀던 것입니다.

마리아의 두 언니인 함라, 미렴도 가만히 있지 않았습니다.

"숙모, 옛날이야기 해 주세요."

"저희도 듣고 싶어요."

"알았다, 알았어. 옛날이야기를 해 줄 테니 그만 졸라라."

숙모는 바느질감을 내려놓고 이야기를 시작했습니다.

"옛날 어느 마을에 농부가 살았는데, 한밤중에 호랑이 한 마리가 어슬렁어슬렁 산에서 내려왔단다. 호랑이는 농부의 집 외양간으로 들어갔지. 황소를 잡아먹으려고 말이야. 그런데 그때, 외양간에 또 누가 나타났는지 아니? 황소를 몰래 훔쳐 가려고 도둑이 든 거야……."

안방에 있는 사람들은 어른 아이 할 것 없이 모두들 옛날이야기에 귀를 기울였습니다. 어찌나 재미있게 듣는지 딴청을 부리는 사람이 없었습니다.

"도둑은 외양간으로 엉금엉금 기어갔어. 그 안은 칠흑같이 어두웠단다. 옆 사람이 뺨을 쳐도 모를 정도로 말이야."

숙모가 여기까지 이야기했을 때였습니다. 별안간 등잔불이 꺼지더니 방 안이 어두컴컴해졌습니다.

바로 그때, '철썩!' 하고 뺨을 치는 소리가 들렸습니다.

"아야! 누가 내 뺨을 때렸어?"

숙모가 깜짝 놀라 소리쳤습니다.

잠시 뒤 등잔불을 켜자 마리아가 말했습니다.

"숙모, 제가 뺨을 쳤어요. 칠흑같이 어두우면 옆사람이 뺨을 쳐도 모른다고 하셨지요? 정말 그런가 실험해 보았어요."

"뭐, 뭐라고?"

마리아의 대답에 모두들 배꼽을 쥐고 웃었습니다.

"어쩌면 하는 짓이 꼭 남자아이 같니?"

"마리아는 남자아이로 태어났어야 하는 건데. 지금 봐도 남자아이처럼 잘생겼잖아."

집안 어른들은 마리아에 대해 저마다 한마디씩 했습니다.

마리아는 어려서부터 남자 옷을 입고 자란 탓인지 행동이나 생김새뿐 아니라 마음속에 지닌 뜻도 남자아이다웠습니다.

"마리아야, 너는 이다음에 커서 무엇이 될래?"

집안 어른이 물으면 마리아는 서슴지 않고 대답했습니다.

"나는 장군이 될래요. 을지문덕 장군이나 이순신 장군처럼 칼 차고 나가서, 우리나라를 넘보는 나쁜 외적의 무리들을 모조리 무찌를래요."

마리아는 1892년 6월 18일 황해도 장연군 대구면 송천리 소래 마을에서 아버지 김윤방과 어머니 김은몽의 셋째 딸로 태어났습니다.

아버지는 소래 마을에 처음 복음을 전한 서상륜, 서경조 형제의 전도를 받아 기독교 신자가 되었습니다. 그래서 딸의 이름도 '마리아' 라고 지었습니다.

아버지는 1894년 하늘나라로 떠났습니다. 마리아가 세 살 때였습니다.

1899년 마리아는 소래 학교에 들어가 보교(가마)를 타고 학교에 다녔습니다. 물론 여전히 남자 옷을 입었습니다. 마리아는 열두 살인 1903년에 소래 학교를 졸업했습니다. 그리고 이때부터 남자 옷을 벗고 여자 옷을 입었습니다. 또한 어머니에게 음식 만드는 법과 바느질을 배웠습니다. 마리아는 이때 바느질을 배워 둔 덕에 뒷날 일본과 미국에서 공부할 때는 직접 한복을 지어 입었다고 합니다.

그러나 어머니는 마리아에게 오랫동안 살림을 가르치지 못했습니다. 1905년 12월 복막염을 앓다가 세상을 떠났기 때문입니다. 어머니는 마리아의 두 언니에게 이런 유언을 남겼습니다.

"함라야, 미렴아. 마리아를 부탁한다. 지금은 옛날과 달라서 여자도 공부를 해야 한다. 마리아는 똑똑하고 영리한 아이이니 너희들이 뒷바라지를 잘해 주어라. 반드시 외국 유학을 보내야 한다."

어머니가 돌아가시자 마리아는 서울로 올라가, 1906년 6월 이화학당에 입학했습니다. 그는 학교 기숙사에서 생활하며 공부했습니다. 난생 처음 가족과 떨어져 지내는 마리아였습니다. 무인도에 혼자 남은 듯 외로움이 밀려왔습니다.

'정신 여학교에는 언니들과 고모들이 있는데. 나도 그 학교에

다니고 싶어.'

　서울에는 큰 숙부와 작은 숙부의 집이 있었습니다. 마리아는 숙부들에게 연락하여 이화학당에서 정신 여학교로 옮겼습니다.

　정신 여학교는 자기 집이나 마찬가지였습니다. 언니들과 고모들이 곁에 있었기 때문입니다.

　마리아는 기숙사에서 작은언니 미렴과 한 방을 썼습니다. 이들 자매와 같이 지내는 사람은 오현주, 오현관 자매, 그리고 노숙경이었습니다. 이들은 '누룽지방 형제'로 불리었습니다. 기숙사 식사 감독을 하는 오현관이 날마다 누룽지를 챙겨와, 밤마다 누룽지를 먹으며 공부했기 때문입니다.

　눈이 펑펑 쏟아지는 밤이었습니다. 누룽지를 꺼내며 오현주가 말했습니다.

　"기숙사 지하실에 다시마가 있어. 새우젓 독 안에 있다고. 우리 다시마를 몰래 가져와 먹을까?"

　미렴이 무릎을 쳤습니다.

　"거 좋은 생각이네. 다시마라면 누룽지 반찬으로 최고지."

　"당장 가져와 먹자."

　세 사람은 박수를 치며 찬성했습니다. 그러나 마리아만은 입을 다물고 있었습니다.

　오현주는 지하실로 내려가 다시마를 훔쳐 왔습니다. 기숙사 방에서는 누룽지 다시마 파티가 벌어졌습니다.

잠자리에 들려고 할 때 마리아가 말했습니다.

"다시마를 훔쳐 먹은 것이 마음에 걸려. 보모님께 솔직히 말씀드리고 용서를 빌자."

기숙사 식구들은 보모에게 가서 말했습니다.

"보모님, 용서해 주십시오. 허락도 없이 지하실에서 다시마를 갖다 먹었습니다."

보모가 말했습니다.

"다음부터는 내게 미리 와서 이야기를 하거라."

"알겠습니다."

보모에게 털어놓으니 모두들 마음이 개운해졌습니다.

이 일을 통해 알 수 있듯이 마리아는 매우 정직했습니다. 도리에 어긋나는 일은 절대로 하려고 하지 않았습니다.

마리아는 학교에서 학습하는 과목 가운데서 작문을 좋아했습니다. 작문 시간이 되면 누구보다 열심히 자신의 생각을 글로 썼습니다.

어느 날, 작문을 담당하는 김원근 선생님은 작문 시간에 학생들에게 말했습니다.

"오늘은 주제를 정하지 않고 자유롭게 글을 쓰겠어요. 학교 생활을 적어도 좋고, 고향 이야기를 써도 좋아요."

학생들은 저마다 무엇을 쓸까 궁리하더니 글을 쓰기 시작했습니다. 대부분 자연이나 생활 속에서 느낀 점을 적은 글이었습니다.

그러나 마리아는 달랐습니다. 일본이 우리나라를 강제로 빼앗은 것을 비판하고, 우리 민족이 힘을 모아 독립을 이루어야 한다는 글을 쓴 것입니다.

선생님은 마리아의 글을 보고 깜짝 놀랐습니다. 일본 경찰이 보면 바로 붙잡아 갈 내용이었습니다.

그러나 선생님은 마리아의 깊은 애국심에 감탄하면서 마리아에게 자신이 쓴 글을 읽어 보라고 시켰습니다.

마리아가 자신이 쓴 글을 읽자, 교실 안에 있는 학생들은 일제에 대한 분노와 끓는 애국심을 느꼈습니다.

"마리아, 일제에 빼앗긴 나라의 주권을 되찾겠다고 쓰다니, 그 생각이 대견하구나. 나라와 겨레를 생각하는 마음이 여간 크지 않아."

선생님은 학생들 앞에서 마리아를 칭찬했습니다.

그러나 마리아는 이해할 수 없다는 듯 선생님을 쳐다보았습니다.

"선생님, 일제에 빼앗긴 나라의 주권을 되찾겠다는 것이 그렇게 대견한가요? 저는 아니라고 생각해요. 조선 사람이라면 어린 아이부터 노인에 이르기까지 누구나 가져야 할 마음이니까요."

이런 일이 있고 나서 학생들은 작문 시간에 일제를 비판하는 글

을 많이 썼습니다. 마리아를 통해 그동안 잠들어 있던 애국심이 깨어난 것입니다.

1910년 정신 여학교를 졸업한 김마리아는 광주 수피아 여학교에서 2년 동안 교사 생활을 했습니다. 그리고는 일본으로 건너가 히로시마 고등 여학교에서 1년 동안 공부한 뒤, 1913년 모교인 정신 여학교에 교사로 부임했습니다.

김마리아는 학교 기숙사 21호 방을 혼자 썼습니다. 그런데 밤마다 잊지 않고 하는 일이 나라와 민족을 위한 기도였습니다. 그는 기도실에 들어가 뜨거운 눈물을 흘리며 간절히 기도했습니다.

"하느님, 우리 민족은 나라를 일본에 빼앗기고 종살이를 하고 있습니다. 우리 민족을 불쌍히 여기시어 꼭 독립을 이루어 주십시오. 조국의 독립을 위해서라면 제 한 몸 바칠 각오가 되어 있습니다."

김마리아의 동료 교사 가운데는 유각경이라는 동창 친구가 있었습니다. 유각경은 정신 여학교 교사 시절의 김마리아를 이렇게 회상했습니다.

"김마리아는 모든 일에 열심이었어요. 수업 준비도 철저히 하고 학생들을 열심히 가르쳤어요. 밤에는 기도실에 들어가 조국의 장래를 위해 눈물을 흘리며 기도했어요. 나는 그런 모습을 여러 번 보았답니다. 김마리아는 나와 마주앉으면 언제나 조국의 독립에 대해서만 이야기했어요. 그의 이야기를 듣고 있으면 나도 슬프고 분한 마음이 북받쳐 덩달아 울음을 터뜨렸지요."

1915년 김마리아는 다시 일본 유학을 떠났습니다. 그는 도쿄 여자 학원 본과에 입학해 1년 과정을 마치고, 이어서 고등과 3년 과정을 다녔습니다.

당시 일본에는 수백 명의 한국인 학생들이 유학을 와서 공부하고 있었습니다. 이들은 1913년 조선 유학생 학우회를 만들어 활동했습니다. 그러나 이 모임은 남학생들 중심으로 모이기에, 여학생들은 따로 자기들의 모임을 만들었습니다. 이것이 동경 여자 유학생 친목회입니다. 김마리아는 이 모임의 회장을 맡아 〈여자계〉라는 잡지를 만드는 등 모임을 이끌어 나갔습니다.

김마리아는 남자 유학생들과도 활발히 교류하여 민족의 장래와 조국의 독립을 논의했습니다. 그런 가운데 조선 독립 청년단을 만들고 '2·8 독립 선언'을 준비하게 되었습니다. 2·8 독립 선언은 1919년 2월 8일에 동경의 한국 유학생들이 앞장서서 조선의 자주 독립을 선언함으로써 거족적인 독립 운동을 일으키겠다는 것이었습니다.

유학생들은 1919년 2월 8일 10시에 조선 기독교 청년 회관에 모여 역사적인 2·8 독립 선언을 했습니다. 유학생 대표로 백관수가 독립 선언서를 낭독하고 김도연이 결의문을 읽어 모든 사람의 찬성으로 채택했습니다.

"대한 독립 만세!"

만세 소리가 식장을 뒤흔들 때였습니다. 오토바이 소리가 요란하게 나더니 일본 경찰이 들이닥쳤습니다. 그들은 식장을 에워싸고 학생들을 마구 잡아들여 동경 경시청으로 끌고 갔습니다.

김마리아는 학교로 돌아오다가 일본 경찰에 붙잡혀 갔습니다. 그러나 곧 풀려난 그는 고국으로 돌아가기로 했습니다. 일본 유학생 대표로서 독립을 위해 온 민족이 궐기해야 함을 민족 지도자들에게 알리기 위해서였습니다.

김마리아는 1919년 3월이 졸업이었습니다. 하지만 도쿄 여자학원의 미국인 선교사 미스 런던은 걱정하지 말라고 김마리아를 격려했습니다.

"졸업 시험을 치르지 않아도 졸업할 수 있게 해 줄게. 몸조심이나 해요."

김마리아는 독립 선언서를 숨겨 가려고 일본 여자 옷을 입었습니다. 옷에 매는 띠(오비) 속에 독립 선언서를 감춘 것입니다.

일본에서 공부하는 동안 한복만 입고 다닌 김마리아였습니다. 그만큼 조국애가 강했지만, 독립 선언서를 가져가기 위해 일본 옷을 입는 것은 망설이지 않았습니다.

김마리아는 2월 17일 동경을 떠나 관부 연락선을 타고 부산으로 갔습니다. 부산에 도착해서는 기차를 타고 광주로 향했습니다. 그런데 대구에 왔을 때 김마리아는 뜻밖에도 큰 고모부 서병호와 셋째 고모 김순애를 만났습니다. 두 사람은 중국 상해에서 독립 운동을 하고 있는데, 국내 민족 지도자들을 만나 만세 운동을 의논하려고 비밀리에 고국에 온 것입니다.

김순애는 파리 강화 회의에 한국 대표로 참가하는 김규식과 결혼한 지 2주일밖에 안 되었습니다.

"고모, 고모부, 반가워요. 이렇게 우연히 만나게 되다니요."

"그러게 말이다. 일본에서 공부하느라 고생 많았지?"

우연한 만남에 반갑게 인사를 나누고는 세 사람은 함께 광주로 갔습니다. 광주에는 김마리아의 언니 함라와 막내 고모인 필례가 살고 있었습니다.

필례는 김마리아를 보자 대뜸 이렇게 물었습니다.

"너 아직 졸업 안 했지? 학교는 어떻게 하고 돌아다니니?"

김마리아가 대답했습니다.

"고모도 참……. 나라도 없는데 졸업은 해서 뭐 해요?"

필례는 할 말을 잃었습니다.

김마리아는 독립 선언서 수백 장을 복사하여 광주의 학교, 교회, 병원에 있는 동지들에게 나누어 주었습니다.

"독립의 때가 왔으니 준비를 하고 기다리세요. 곧 거족적인 독립 운동이 일어날 거예요."

서울로 올라온 김마리아는 민족 지도자들을 찾아다녔습니다. 그는 일본 유학생들의 '2·8 독립 선언'을 알리고, 국내에서도 독립 운동을 일으켜야 한다고 했습니다.

천도교의 지도자인 이종일이 김마리아에게 말했습니다.

"그렇지 않아도 우리들은 기독교 쪽 지도자들과 손잡고 독립 만세 운동을 계획하고 있습니다. 이제 곧 일제의 10년 사슬을 끊고 자주 독립을 이루어 낼 것입니다."

김마리아는 황해도에 갔을 때 3·1 만세 운동이 일어났음을 알았습니다. 그는 3월 2일 급히 서울로 돌아와 나혜석, 박인덕, 박승일, 신준려, 황에스더, 손정순 등을 한자리에서 만났습니다.

"어제는 조선에서 독립 운동이 시작된 날입니다. 남자들의 주도로 말입니다. 이제는 우리 여자들이 나서서 독립 운동을 해야 합니다. 그러기 위해서는 여자 독립 운동 단체를 만들어 활동하고 남자 독립 운동 단체와 긴밀히 협조해야 합니다."

"좋아요. 정식으로 발족하기 전에 간사들을 뽑아 모임을 준비하지요."

모두들 찬성하여 김마리아, 나혜석, 박인덕, 황에스더 등 네 사람이 간사로 뽑혔습니다.

그러나 여성 단체 창립은 뒤로 미루어야 했습니다. 김마리아를 비롯하여 박인덕, 나혜석, 황에스더 등 여성계 독립 운동 동지들이 일본 경찰에 붙잡혀 간 것입니다.

김마리아는 모진 고문을 당했습니다. 이때의 고문으로 인해 그의 몸은 만신창이가 되었습니다. 귀 뒤의 뼈 속에 고름이 괴는 상악골 축농증에 걸려 평생을 고생했습니다.

김마리아는 7월 24일 서대문 형무소에서 5개월 만에 석방되었습니다. 그는 고문으로 상한 몸을 추스르고 정신 여학교 교사로 돌아갔습니다.

그러나 김마리아는 학생들만 가르치며 지낼 수 없었습니다. 빼앗긴 나라를 되찾으려면 하루빨리 여성 항일 운동을 해야 한다는 생각뿐이었습니다.

1915년 10월 19일, 김마리아의 방에는 여성 동지들이 모였습니다. 김마리아와 황에스더의 석방을 위로하는 모임이었습니다. 이 자리에 참석한 사람들은 대부분 대한민국 애국부인회 임원들이었습니다. 대한민국 애국부인회는 1919년 6월에 혈성 부인회와 대조선 애국부인회를 통합해 만든 단체였습니다. 이 여성 단체는 주로 군자금을 거두어 상해 임시 정부에 보내는 일을 했습니다. 이 회의 회장이 김마리아의 정신 여학교 시절 기숙사 친구였던 오현주였습니다.

김마리아는 동지들에게 말했습니다.

"이제까지 오현주 동지가 모임을 잘 이끌어 왔지만, 대한민국 애국부인회는 조직을 개편하여 다시 태어나야 합니다. 몇몇 사람의 회원이 아니라 전국 각 도에 지부를 설치하여 많은 회원을 맞아들여, 항일 독립 운동 단체로 거듭나야 합니다."

그 자리에 모인 동지들은 김마리아의 뜻에 찬성했습니다. 그리하여 김마리아를 회장으로 하고 각 도에 지부를 둔 전국 규모의 여성 단체로 개편되었습니다.

김마리아는 대한민국 애국부인회의 새로운 출발을 위해 헌신적으로 일했습니다. 그 결과, 얼마 안 되어 회원은 2천여 명으로 늘어났고, 상해 임시 정부 대통령 이승만에게 보낸 2천 원 등 총 6천여 원을 모을 수 있었습니다.

그러나 11월 말에 김마리아를 비롯한 대한민국 애국부인회 간부들은 모조리 일본 경찰에 체포되었습니다. 오현주의 배신으로 비밀 활동이 발각된 것입니다. 오현주는 그 대가로 3천 원의 상금을 받았다고 합니다.

김마리아는 또다시 고문 전문가에게 끔찍한 고문을 받았습니다. 얼마나 몸이 상했는지 살아 있어도 죽은 사람과 다름없었습니다.

검사에게 심문을 받을 때도 김마리아는 당당한 태도를 보였습니다. 왜 일본 제국의 연호를 쓰지 않고 서기를 쓰느냐는 질문에,
"나는 일본 연호 따위는 배운 적이 없습니다. 알고 싶지도 않고……. 아는 것은 서기뿐입니다."
라고 대답했습니다. 그리고 어째서 독립 운동을 하느냐고 묻자,

"나는 한국 사람입니다.
한국 사람이 한국 독립 운동을 하는 것은
당연한 일이지요."

하고 대답하여 자신의 항일 정신을 확실히 보여 주었습니다.

김마리아는 고문의 후유증으로 더 이상 감옥 생활을 할 수 없었습니다. 병보석으로 석방된 그는 세브란스 병원에서 치료를 받으며 재판을 받았습니다. 그리하여 징역 3년을 선고받았습니다.

김마리아는 이듬해 6월에 외국으로 망명을 떠나기로 결심합니다. 6월 13일 오후 3시에 세브란스 병원을 빠져나와 인력거를 타고 중국 요리점에 갔습니다. 그리고 그곳에서 중국옷으로 갈아입은 뒤 자동차를 타고 인천에 와서 배를 타고 중국으로 떠났습니다.

8월 10일 큰 고모부 서병호의 도움으로 상해에 도착한 김마리아는 11월까지 요양을 했습니다. 그 후 그는 상해 임시 정부 황해도 의원, 상해 대한애국부인회 간부 등으로 활동하며 남경의 금릉 대학을 다녔습니다.
　그리고 1923년 6월 21일에 미국 유학을 떠나 파크 대학, 시카고 대학, 콜롬비아 대학교 사범 대학원, 뉴욕 신학교 등에서 공부하며 학사, 석사 학위를 받았습니다. 또한 뉴욕에서는 황에스더, 박인덕 등 옛 동지들을 만나 근화회(재미 대한민국 애국부인회)

를 만들어 회장이 되었습니다.

　1932년 7월 20일, 김마리아는 드디어 고국에 돌아와 경성역에 내렸습니다. 고국을 떠난 지 꼭 11년 만이었습니다.

　김마리아는 원산에 있는 마르타 윌슨 신학교 교수로 취임하여, 성경 강의와 기독교 전도 활동을 하며 여생을 보냈습니다. 장로교 전국 여전도회 회장이었던 그는 일제의 신사 참배 요구를 끝까지 거부함으로써 신앙 양심과 항일 독립 정신을 지켰습니다.

　1943년 12월 7일, 원산 집에서 갑자기 쓰러진 김마리아는 석 달을 앓다가, 1944년 3월 13일 새벽, 하느님의 부름을 받았습니다. 8·15 광복을 1년 5개월쯤 남겨 놓았을 때였습니다.

　그의 유언에 따라 시신은 화장하여 대동강에 뿌려졌습니다.

　평생 결혼도 하지 않고 독립 운동에 헌신한 김마리아. 그는 생전에 이런 말을 했다고 합니다.

　"나는 대한민국과 결혼했습니다. 그러니 내 남편은 대한민국입니다."

의병대장·
독립 운동가 편

나라 위해
몸 바친 애국 소녀

유관순

1902~1920, 충청남도 천안에서 태어나 1916년 이화학당 보통과에서 공부하고, 1918년 이화학당 고등과 교비생으로 입학했다. 1919년 3·1 운동이 일어나자 만세 시위에 가담했으며, 3월 10일 임시 휴교령이 내려지자 고향으로 내려갔다. 천안, 연기, 청주, 진천 등지에 있는 교회, 학교 등을 찾아다니며 만세 운동을 협의하고는, 음력 3월 1일(양력 4월 2일) 병천(아오내) 장터에서 3천 명의 군중을 모아 놓고 만세 시위를 벌였다. 이때 일본 헌병들에게 체포되어 혹독한 고문을 받은 뒤, 공주 지방 법원에서 5년형을 선고받았다. 하지만 이 판결에 불복하여 항소, 서울에서 재판을 받아 법정 모독죄로 7년형을 선고받았다. 그 후 서대문 형무소에서 복역 중 온갖 고문을 당하다가 옥사했다.

1919년 3월 1일 서울 장안에 "대한 독립 만세!" 소리가 울려 퍼졌습니다. 손에 손에 태극기를 든 사람들이 거리를 누비며 목청껏 만세를 외쳤습니다.

이화학당 학생들은 만세 소리를 듣고 기숙사에 남아 있을 수 없었습니다. 이들도 만세 시위에 가담하기 위해 학교 운동장으로 뛰어나왔습니다.

그러자 학교측에서는 외국인 교사들을 풀어 학생들이 학교 밖으로 나가는 것을 막았습니다. 교문께에서는 거리로 몰려 나가려는 학생들과 수위의 몸싸움이 벌어졌습니다. 그 와중에 학생 15명이 수위를 밀치고 밖으로 뛰쳐나가 시위 군중과 합류했습니다.

이때 프라이 교장이 교문을 가로막으며 소리쳤습니다.

"여러분! 제발 참아 주세요. 학교 밖으로 나가면 안 됩니다."

그러더니 프라이 교장은 갑자기 학생들 앞에 엎드렸습니다.

"정 나가고 싶으면 나를 뛰어넘어 가세요."

프라이 교장이 이렇게 만류하자, 학생들은 할 수 없이 기숙사로 돌아갔습니다.

그러나 몇몇 학생은 도저히 참을 수 없어 기숙사 뒷담을 넘었습니다. 고등과 1학년인 유관순 등 일곱 명이었습니다. 이들은 파고다 공원으로 달려가 목이 터져라 대한 독립 만세를 외쳤습니다.

이 날의 만세 시위로 앞서 학교를 뛰쳐나갔던 이화학당 학생 15명이 일본 경찰에 체포되었는데, 유관순 등 일곱 명은 무사히 학교로 돌아왔습니다.

3월 10일 조선 총독부에서는 임시 휴교령을 내렸습니다. 총독부 명령으로 전국의 모든 학교가 문을 닫게 되었습니다.

유관순은 고향으로 내려갔습니다. 그의 고향은 충청남도 천안시 병천면 지령리입니다. 지금 독립 기념관이 있는 곳입니다.

유관순이 고향 집에 들어서자, 아버지 유중권과 어머니 이씨 부인이 반갑게 맞아 주었습니다.

유중권은 독실한 기독교 신자로서 일찍이 '홍호 학교'를 세워 운영하는 등 개화한 사람이었습니다.

유관순은 이런 아버지의 영향을 받아 신앙심이 깊고 의협심이 강했습니다.

고향 집에서 첫날밤을 보낸 유관순은, 다음 날 새벽 지령산 매

봉에 올라갔습니다. 유관순은 바위에 무릎을 꿇고 앉아, 나라와 민족을 위해 하느님께 간절히 기도를 드렸습니다.

그리고 그 날 저녁 지령리 예배당에 갔습니다. 예배를 드린 다음 유관순은 교인들 앞에서 이렇게 말했습니다.

"여러분, 기뻐해 주십시오. 우리에게도 좋은 기회가 왔습니다. 나라를 잃고 헤매던 우리 민족이, 나라를 찾기 위해 독립 만세 운동을 일으켰습니다. 서울에서 시작된 독립 만세 운동이 지금 요원의 불길같이 전국 방방곡곡으로 퍼져 가고 있습니다. 이럴 때 우리는 앉아서 구경만 할 수는 없습니다. 우리도 들고 일어나서 대한 독립 만세를 외쳐야 합니다."

유관순의 연설을 들은 사람들은 큰 감명을 받았습니다. 조인원(정치가 조병옥의 아버지), 김구응 등 고향 마을의 지도자들은, 유관순과 행동을 같이하기로 했습니다. 그래서 음력 3월 1일(양력 4월 2일)을 거사 날짜로 정해, 병천(아오내) 장터에서 만세 운동을 벌이기로 했습니다.

유관순은 밤새워 태극기를 만들었습니다. 그리고 독립 선언문을 기초했습니다.

유관순은 고향인 천안뿐 아니라 연기·청주·진천 등지에 있는 교회, 학교 등을 찾아다니며, 만세 운동에 함께 참여할 것을 권하였습니다.

음력 3월 1일, 드디어 거사일이 돌아왔습니다. 병천 장터에는 3천 명의 군중이 모여들었습니다.

부모님과 함께 병천 장터에 온 유관순은, 길목에 서서 군중들에게 태극기를 나누어 주었습니다.

정오가 되자 조인원이 군중 앞에 나섰습니다. 조인원은 낭랑한 목소리로 독립 선언문을 낭독했습니다.

이윽고 유관순이 쌀가마 위에 올라섰습니다.

유관순은 군중을 둘러보며 입을 열었습니다.

"여러분! 우리는 5천 년의 찬란한 역사를 지닌 민족입니다. 그런데 일본은 우리 민족을 억압하고 나라를 빼앗아 저희들 세상으로 만들어 버렸습니다. 우리는 지난 10년 동안 나라 없는 백성으로서 온갖 착취와 학대와 멸시를 당해 왔습니다. 하지만 이제는 더 이상 참을 수가 없습니다. 우리는 일본 사람들을 이 땅에서 몰아내기 위해 다같이 일어나, 대한 독립 만세를 외쳐야 합니다."

유관순은 태극기를 손에 쥐고 흔들며,

"대한 독립 만세!"

하고 외쳤습니다. 그러자 군중들도 일제히 태극기를 흔들며,

"대한 독립 만세!"

하고 외쳤습니다. '대한 독립 만세' 소리로 온 장터가 떠나갈 듯했습니다.

시위 군중은 헌병 파견대 쪽으로 몰려갔습니다. 그 선두에 선 것은 유관순의 아버지 유중권과 조인원이었습니다. 그 뒷줄에는 유관순과 유관순의 어머니 이씨 부인, 그리고 마을 지도자들이 따랐습니다. 조인원은 깃발을 손에 쥐고 있었습니다. 깃발에는 '조선 독립'이라고 씌어 있었습니다.

시위 군중이 들이닥치자, 헌병 파견대에 있던 일본 헌병들은 군중을 향해 총을 쏘기 시작했습니다.

선두에 선 조인원이 쓰러졌습니다. 가슴에 총을 맞은 것입니다.

2시가 되자 천안 헌병대에서 헌병 20여 명이 몰려왔습니다. 헌병 파견대에서 지원 요청을 한 모양이었습니다.

이들은 군중을 향해 마구 총을 쏘아 대기 시작했습니다.

총에 맞은 사람들이 픽 쓰러졌습니다. 20여 명이 그 자리에서 죽어갔습니다. 그 가운데는 유관순의 부모님도 끼여 있었습니다.

유관순은 헌병들에게 붙잡혀 천안 헌병대로 끌려갔습니다.

유관순은 헌병들에게 혹독한 고문을 받았습니다. 주모자를 밝히라는 것이었습니다. 그러나 유관순은 쩌렁쩌렁한 목소리로,

"내가 주모자다. 빼앗긴 나라를 되찾기 위해 내가 벌인 일이니, 다른 사람들은 전부 풀어 주어라."

하고 당당한 태도를 보였습니다.

유관순은 공주 지방 법원에서 5년형을 선고받았습니다. 하지만 이 판결에 불복하여 항소, 서울에서 재판을 받게 되었습니다.

유관순은 경성 복심 법원에서 재판을 받다가 일본인 검사에게 걸상을 던졌습니다. 빼앗긴 나라를 다시 찾으려고 독립 만세를 외친 것이 무슨 죄냐며, 일본인들한테 재판을 받을 수 없다고 항변하다가 벌어진 일이었습니다. 이 일 때문에 법정 모독죄가 붙어 7년형을 선고받았습니다.

유관순은 서대문 형무소에 수감되었습니다. 감옥에서도 그는 틈만 나면 '대한 독립 만세'를 불렀으며, 나라의 독립을 위해 간절히 기도를 드렸습니다.

유관순은 형무소에서도 심한 고문을 당하고 매를 맞았습니다. 유관순이 만세를 부르기만 하면 간수들은 그를 끌어내, 그런 몹쓸 짓을 저질렀던 것입니다.

1920년 10월 12일, 만세를 불렀다고 또 밖으로 끌려나간 유관순은 그 날 감옥으로 돌아오지 못했습니다. 간수에 의해 토막토막 살해되어 석유 상자 속에 버려진 것입니다. 이때 그의 나이 겨우 17세였습니다.

사회 사업가·농촌 운동가 편

여성위인전

전 재산을 사회에 되돌린 사업가

백선행

1848~1933, 일제 시대의 갑부, 사회 사업가. 경기도 수원에서 가난한 농부의 딸로 태어나 16세에 청상과부가 되었다. 돼지 키우기, 삯바느질, 옷감 짜기 등 닥치는 대로 일을 하여 갑부가 되었다. '우리 고장과 이웃을 위해 내 돈을 쓰겠다'고 결심하고, 1911년 대동군 용산면 객산리에 있는 솔뫼 다리를 튼튼한 돌다리로 바꾸어 놓았다. 또한 3·1 운동 이후 독립을 위해서는 교육에 힘써야 한다고 생각하여, 평양 광성 소학교, 평양 숭현 여학교 등에 땅을 내놓았다. 그리고 창덕 소학교에 재단 법인을 만들어 '기백 창덕 보통 학교'라 이름 붙였다. 1929년에는 평양 시내에 평양 시민을 위한 공회당을 세웠다. 그는 모든 재산을 사회에 되돌리고 세상을 떠났는데, 사회장으로 치러진 그의 장례식에는 1만여 명의 평양 시민들이 상여 뒤를 따랐다.

"**여보,** 돌아가시면 안 돼요!"

백선행은 남편의 머리맡에 앉아 이렇게 울부짖었습니다.

방 안에 누워 있는 남편은 의식이 없었습니다. 곧 숨지려는지 거친 숨을 몰아쉬고 있었습니다.

백선행은 남편을 살려야겠다는 마음에, 자신의 왼손 약손가락(가운뎃손가락과 새끼손가락 사이에 있는 넷째 손가락)을 베어 거기서 흘러나오는 피를 남편 입에 넣어 주었습니다. 그러자 남편은 바로 숨을 거두지 않고 일주일이나 더 살았습니다.

백선행은 남편 안재욱과 16세에 결혼했습니다. 그런데 신혼의 단꿈이 깨기도 전인 8개월 만에 남편이 몹쓸 병에 걸려 세상을 떠난 것입니다.

백선행은 16세에 청상과부가 되어 버렸습니다. 이때부터 성씨에 '과부'라는 말을 붙여 '백 과부'로 불리게 되었습니다. 그 당시 여성들이 그랬듯이 그에게는 이름이 없었습니다. '백선행'은 뒷날 그가 선행(착한 행동)을 많이 한다고 해서 남들이 지어 준 이름이었습니다.

백선행은 남편과의 사이에 자식이 없었습니다. 시아버지와 시어머니는 며느리를 불러 말했습니다.

"이제 겨우 열여섯 살인데, 자식도 없이 시집에서 평생 살 수는 없다. 개가(다른 남자에게 다시 시집가는 일)를 하도록 해라."

그리고는 며느리를 천정으로 돌려보냈습니다.

백선행은 1848년(헌종 14년) 음력 11월 19일, 경기도 수원에서 가난한 농부의 무남독녀(아들이 없는 집안의 외딸)로 태어났습니다. 아버지 백지용은 가난을 벗어 볼까 하고, 가족을 이끌고 평양으로 이사했습니다. 백선행이 태어난 지 얼마 안 되었을 때였습니다. 하지만 아버지는 모진 고생을 하고 병까지 얻어 백선행이 일곱 살 때 저 세상으로 가 버렸습니다.

백선행은 홀어머니 밑에서 자랐습니다. 어머니 김씨는 품팔이 일을 해서 생계를 꾸렸는데, 벌이가 시원찮아 살림이 몹시 어려웠습니다. 어머니는 배고픔이나 면하게 하려고 어린 딸을 남의 집에 시집보냈습니다.

하지만 그 딸이 시집 간 지 일 년도 못 되어 청상과부가 되어 친정으로 돌아왔으니, 어머니는 몹시 가슴이 아팠습니다.

'딸아이를 개가시킬까?'

어머니는 이런 생각을 해보았습니다. 그러나 이내 고개를 저었습니다.

'20세가 되기 전에 과부가 되면 시집을 가 봐야 또 남편이 죽는다지? 세 번 과부가 되어야 불행을 면한다고 했어.'

물론 그것은 미신이었습니다. 하지만 어머니는 미신이라 생각하지 않았습니다.

'딸아이를 세 번씩이나 과부로 만들 수는 없어. 딸아이 때문에 애꿎은 남자들을 죽게 할 수는 없다고.'

백선행도 다시 시집갈 마음이 없었습니다. 홀어머니를 모시고 살며 악착같이 돈이나 모아야겠다는 생각뿐이었습니다.

'남들에게 업신여김을 받으며 가난하게 살지 않으려면 돈을 모아야 한다. 나는 과부이니 돈 쓸 일이 별로 없다. 도둑질만 빼고는 무슨 일이든 다 해서 돈을 벌자.'

백선행은 이렇게 마음을 정하고 어머니와 함께 장사를 했습니다. 채소 장사를 비롯하여 간장 장사, 베짜기, 청대치기(쪽으로 푸른색의 물감 만들기) 등 닥치는 대로 일했습니다.

어머니와 딸은 돈을 많이 벌면서도 식사는 하루 두 끼만 했습니다. 아침은 밥, 저녁은 죽으로 때웠습니다. 그리고 해가 짧은 겨울에는 하루 한 끼로 버텼습니다.

세월은 화살처럼 빨랐습니다. 밤낮없이 일에 몰두하다 보니 백선행은 어느 새 26세가 되었습니다. 그는 어머니와 10년을 고생한 끝에 150냥짜리 집을 장만하고 현금 1천 냥을 벌어들였습니다.

'이제는 가난에서 벗어났구나. 어머니를 모시고 생계 걱정 없이 살게 되었어.'

백선행은 이런 생각을 하고 흐뭇한 표정을 지었습니다.

그런데 그때 불행한 일이 생겼습니다. 함께 의지하며 살아오던 어머니가 돌아가신 것입니다.

어머니 장례를 모시려면 상제가 필요했습니다. 백선행은 먼 친척으로 조카뻘 되는 사람을 부모님의 양자로 맞아들여 어머니 장례를 치렀습니다.

그런데 그때 어이없는 일이 벌어졌습니다.

"부모님이 모두 돌아가셨으니, 이 집안의 재산은 양자인 내가 몽땅 물려받아야 해."

양자가 이렇게 주장하고 나선 것입니다. 백선행도 지지 않고 말했습니다.

"무슨 소리야? 우리 재산은 어머니와 내가 10년 동안 피땀 흘려 모은 거야. 아버지에게서 물려 받은 것은 가난밖에 없어."

"재산을 어떻게 모았든 그건 중요하지 않아. 당신은 상속권이 없는 출가외인(시집간 딸은 남이나 마찬가지라는 말)이고, 나는 상속권이 있는 양자야. 따라서 이 집안의 재산은 내가 물려받아야 해."

양자는 법을 들먹이며 백선행이 모아 놓은 현금 1천 냥을 빼앗아 갔습니다. 백선행이 거세게 항의하여 겨우 건진 것은 집 한 채뿐이었습니다.

백선행은 억울하여 밤에 잠이 오지 않았습니다. 밝은 대낮에 길에서 강도를 만난 기분이었습니다.

'이번 일은 잊어버리자. 다시 시작하는 거야.'

백선행은 이렇게 결심하고는, 이튿날 자기 집 뜰에 봉숭아 씨를 뿌렸습니다. 그래서 꽃을 가꾸고 씨를 받아 시장에 내다 팔았습니다.

또한 날마다 질동이를 머리에 이고 음식점을 돌아다녔습니다. 돼지에게 먹일 음식 찌꺼기를 얻기 위해서였습니다. 그렇게 돼지를 여러 마리 길러 돈을 벌었습니다.

백선행은 틈틈이 삯바느질을 하는가 하면 품팔이 일도 마다하지 않고 했습니다. 그렇게 해서 한 푼 두 푼 모이면 돈을 헝겊으로 둘둘 말아 버선목에 넣거나 허리춤에 찼습니다. 좀더 많아지면 방바닥에 깔린 삿자리를 들추고 그 밑에 감추거나 이불 틈에 끼워 두었습니다.

백선행은 어느 정도 돈이 모이자 물레와 베틀을 사서 옷감을 짰습니다. 무명, 삼베, 명주를 짜서 시장에 내다 팔았는데, 그 벌이는 다른 때보다 좋았습니다. 그로서는 이것이 큰돈을 벌어들인 첫 사업이라 할 수 있었습니다.

　백선행은 옷감을 짜면서도 옷 한 벌 지어 입지 않았습니다. 화장은커녕 얼굴에 분 한 번 바르지 않았습니다. 사람들은 백선행을 '구두쇠 백 과부', '악바리 과부'라고 불렀습니다.

　백선행에게는 좌우명이 있었습니다. 그것은 '남들이 먹기 싫어하는 음식 먹고, 입기 싫어하는 옷 입고, 하기 싫어하는 일 하기'

였습니다. 그렇게 검소한 생활을 했기 때문에 백선행은 50세에 마침내 부자가 될 수 있었습니다.

그러나 그는 부자가 되었다고 해서 생활 습관을 바꾸지 않았습니다. 여전히 근검절약하는 생활을 했습니다.

집에 손님이 오면 백선행은 냉면을 대접했습니다. 그런데 다 먹지 않고 남기는 사람이 있으면 꼭 한 마디 했습니다.

"아깝게 왜 남기십니까? 귀한 음식인데……."

그리고는 손님이 지켜보는 가운데 그 냉면 그릇을 깨끗이 비웠습니다.

백선행은 입버릇처럼 말했습니다.

"음식은 사람이 아니라 하늘이 주신 거야. 감사하며 먹어야지. 농사짓는 사람의 정성을 생각한다면 밥풀 하나라도 그냥 버려선 안 돼."

백선행은 맨손으로 시작하여 돈을 꽤 모으자 땅을 사들였습니다. 점점 늘어나는 현금을 언제까지나 집 안에 숨겨 둘 수는 없기 때문이었습니다.

그 땅을 농민들에게 빌려 주어 농사를 짓게 했습니다. 그러자 해마다 가을에 많은 곡식을 거두어들이게 되었고, 그 곡식을 팔아 땅을 사서 계속 재산을 늘렸습니다.

그러던 어느 날, 한 거간꾼이 백선행을 찾아왔습니다.

"기막히게 좋은 땅이 있는데 사시렵니까? 평양에서 멀지 않고, 값도 아주 쌉니다. 한 평에 겨우 7, 8전이거든요."

강동군 만달면 승호리에 있는 땅이었습니다. 백선행은 이 땅을 사두면 장차 값이 오르리라는 거간꾼의 말만 믿고, 많은 돈을 주고 수천 평을 샀습니다. 그런데 나중에 알고 보니 이 땅은 한 평에 2, 3전도 나가지 않는 황무지였습니다. 거간꾼에게 속은 것입니다.

그러자 평양 시내에는 이런 소문이 퍼졌습니다.

"백 과부가 쫄딱 망했대. 사기를 당했다는군."

"자식도 남편도 없는 사람이 돈만 밝히더니 꼴좋구나."

백선행은 누가 뭐라고 하든 상관하지 않았습니다. 자신의 실수를 인정하고 일만 열심히 했습니다.

그런데 몇 년이 흐른 뒤, 황무지로만 알았던 땅이 금싸라기 땅으로 변했습니다. 일본의 유명한 시멘트 회사 사장인 오노다가 그 땅의 모래가 우수한 시멘트 원료임을 발견하고 커다란 시멘트 공장을 세우기로 한 것입니다. 그리하여 그 땅은 살 때보다 백 배가 넘는 값으로 팔리게 되었습니다.

백선행은 이렇게 행운도 따라 주어 더욱 큰 부자가 되었습니다.

혼자 사는 과부가 돈이 많다는 소문이 돌자, 어느 날 밤 백선행의 집에 도둑이 들었습니다.

"꼼짝 마라! 돈을 내놓지 않으면 죽여 버리겠다!"

도둑은 칼을 들이대고 이렇게 위협했습니다.

그러나 백선행은 조금도 떨지 않고 당당하게 맞섰습니다.

"네놈에게 줄 돈은 없다! 썩 꺼져라!"

백선행은 큰 소리로 외치며 도둑에게 달려들었습니다.

도둑은 당황했습니다. 과부가 자신에게 덤벼들 줄은 전혀 생각지 못했던 것입니다.

도둑은 백선행을 칼로 찌르고는 얼른 달아나 버렸습니다.

부상을 입은 백선행은 의원에게 치료를 받았습니다.

소식을 들은 사람들이 위문을 와서 한결같이 말했습니다.

"도둑이 요구하는 대로 돈을 내어 주지 그러셨어요. 그랬으면 이렇게 다치시지는 않았을 텐데."

그러자 백선행이 단호하게 말했습니다.

"가난하고 불쌍한 사람들에게 나누어 주기에도 부족한 돈입니다. 그런데 한밤중에 칼을 들고 들어온 도둑에게 돈을 내어 줘요? 어림없지요."

"그래도 목숨을 건지려면 할 수 없지요. 돈을 내어 주지 않으면 칼로 찌를 텐데……."

"그 자리에서 죽어도 좋아요. 내가 목숨을 잃더라도 내 돈만 남아 있으면 좋은 일에 쓰이지 않겠어요? 하지만 내 돈이 도둑에게 넘어가 봐요. 나쁜 일에 쓰일 게 뻔하잖아요."

그 무렵 백선행은 교회에 다니고 있었습니다. 교회에서는 이웃을 내 몸과 같이 사랑하고, 가진 것을 서로 나누며 살라고 가르쳤습니다. 어느 날, 백선행은 혼자 생각했습니다.

'나한테는 재산을 물려줄 자식도 없다. 죽은 뒤에 하늘나라에 돈을 가져갈 수도 없다. 돈이 무엇인가? 내가 가졌다가 남이 갖고, 이렇게 돌고 도는 게 돈이 아닌가. 하느님이 나를 이 세상에 보내 주셨으니 멋진 일이나 하고 가야겠다. 우리 고장과 이웃들을 위해 내 돈을 쓰는 거야.'

백선행은 평생을 근검절약하며 살아왔지만 한식과 추석만은 아낌없이 돈을 썼습니다. 떡, 과일, 그리고 여러 가지 맛있는 음식을 준비하여 남편의 산소를 찾아가는 것이었습니다. 한식과 추석은 백선행에게 일 년 가운데 가장 즐거운 명절이었습니다. 남편은 이미 하늘나라로 갔지만, 성묘를 하면서 추억 속의 남편을 만나는 일은 그에게 커다란 기쁨을 주었습니다.

백선행이 '우리 고장과 이웃을 위해 내 돈을 쓰겠다'고 결심한 것은 추석을 며칠 앞두고서였습니다.

추석날 아침, 남편의 무덤에 성묘를 하러 가던 백선행은 발길을 돌려야 했습니다. 남편의 무덤에 가려면 대동군 용산면 객산리에 있는 '솔뫼 다리'를 건너야 하는데, 전날 밤 비가 많이 내려다리가 떠내려간 것입니다. 백선행의 머릿속에는 불현듯 이런 생각이 떠올랐습니다.

'그래, 솔뫼 다리를 튼튼한 돌다리로 바꿔 놓자. 그러면 홍수가 나더라도 떠내려가지 않겠지. 나는 성묘를 거르지 않아도 되고.'

백선행은 많은 돈을 내놓아 튼튼한 돌다리를 세웠습니다. 1911년 8월의 일이었습니다.

"백 과부가 세웠으니 이 다리는 '백 과부 다리'네."

사람들은 이렇게 말하며 솔뫼 다리를 '백 과부 다리'라고 불렀습니다.

평양 사람들은 그의 선행을 잊을 수가 없었습니다.
그래서 그의 착한 행실을 칭찬하며
백 과부를 '백선행'이라고 바꿔 불렀습니다.
그때부터 그의 이름은 백선행이 되었습니다.

1919년 3·1운동이 일어났습니다. 백선행은 독립 만세를 외치며 감격스러워했습니다.

'내가 번 돈은 우리 민족을 위해 써야겠다. 전 재산을 사회에 돌리는 거야.'

백선행은 우리 민족이 독립을 이루려면 교육에 힘써야 한다고

생각했습니다. 그래서 1925년 2월 평양 광성 소학교에 1만 4천여 평의 땅을 내놓았으며, 같은 해 10월 평양 숭현 여학교에 2만 6천여 평의 땅을 내놓았습니다. 그리고 1927년 1월에는 창덕 소학교에 4만 2천여 원을 들여 재단 법인을 만들고 '기백 창덕 보통 학교'라 이름 붙였습니다.

또한 백선행은 1929년에 평양 시내에 1천 2백여 명을 수용할 수 있는 평양 시민을 위한 공회당을 세웠습니다. 총 324평의 최

신식 3층 양옥 건물이었습니다.

　백선행은 죽기 3년 전에는 가난한 이웃들과 친척들에게 자신의 남은 재산을 골고루 나누어 주었습니다. 이로써 그는 자신의 모든 재산을 사회에 돌리고 빈몸으로 하늘나라로 떠나게 되었습니다.

　1933년 5월 8일, 백선행은 조용히 눈을 감았습니다.

　"남편과 함께 묻어 주세요."

　이것이 그가 남긴 유언이었습니다.

　백선행의 장례식은 사회장으로 치러졌습니다. 여성으로서는 최초였습니다. 1만여 명의 평양 시민들은 그의 죽음을 진심으로 슬퍼하며 상여 뒤를 따랐습니다.

　"너희들은 우리 조선의 아들딸이다. 졸립다고 자지 말고 놀고 싶다고 놀지 마라. 공부하기 싫어도 늘 책과 벗해라. 너희들이 공부를 잘해야 우리나라가 잘 된다."

　백선행이 땅과 돈을 내놓은 학교의 졸업식에서 남긴 말입니다.

사회 사업가·
농촌 운동가 편

여성 위인전

농촌 계몽에
앞장선 '인간 상록수'

최용신

1909~1935, 농촌 운동가. 함경남도 덕원군 현면 두남리에서 아버지 최창희의 둘째 딸로 태어났다. 루씨 여자 고등 보통 학교를 나와 협성 여자 신학교에 입학했다. 이 학교에서 황에스더의 가르침을 받으며 두 차례 농촌 실습을 했다. 그 후 학교를 그만두고 여자 기독 청년회(YWCA)에서 경기도 화성군 반월면 샘골에 파견해 농촌 사업 운동을 벌일 지도자로 선발되어 샘골로 내려갔다. 그는 여기서 천곡(샘골) 강습소를 열어 열성적으로 학생들을 가르치고, 새 학원 건립 운동을 벌여 학원 건물을 지었다. 1934년 일본 고베 신학교로 유학을 갔다가 병을 얻어 샘골로 돌아왔지만 요양 중에도 쉬지 않고 농촌 계몽 운동을 하다가 세상을 떠났다.

1928년 3월, 함경남도 원산의 루씨 여자 고등 보통 학교 졸업식이 열리기 얼마 전이었습니다. 이 학교를 졸업하는 최용신은 담임 선생님에게 불려갔습니다.

"용신아, 넌 학교를 졸업하면 무슨 일을 할 거니?"

선생님의 질문에 최용신은 서슴없이 대답했습니다.

"공부를 마치면 농촌에 들어가 농촌 계몽에 평생을 바칠 생각입니다."

"아니, 다른 좋은 일도 많은데 왜 하필이면 농촌 계몽이지?"

"다른 일들은 제가 아니어도 할 사람들이 많이 있습니다. 저보다 똑똑하고 뛰어난 사람들이지요. 하지만 농촌을 위해 일하겠다는 젊은이는 드뭅니다. 농업은 이 세상의 가장 으뜸이 되는 근본이라 하지 않습니까? 저는 농촌의 발전을 위해 몸 바쳐 일하고 싶습니다. 그것이 우리나라를 발전시키는 길이라고 생각

합니다."

최용신은 말로만이 아니라 글로써도 자신의 뜻을 밝혔습니다. 졸업을 앞두고 쓴 〈교문에서 농촌으로〉라는 글에서 그는 이렇게 주장했습니다.

……이 사회는 무엇을 요구하며 또 누구를 찾는가? 사회는 새 교육을 받은 새 일꾼을 요구한다. 더욱이 현대 중등 교육을 받고 나오는 여성을 가장 요구하는 줄 안다.

……나는 농촌에서 자라났기 때문에 현 농촌의 상황을 막연하나마 알고 있다. 그러므로 내가 절실히 느끼는 바는 농촌의 발전도 결국은 여성의 분투에 있다는 점이다.

오늘 교육받은 여성들이 북더기 쌓인 농촌을 위하여 몸을 바치는 이가 드문 것은 사실인 동시에 크게 유감된 바이다. 여성도 농촌의 발전을 위하여 분투해야 한다. 농촌으로 하여금 어둠 속에서 걸어 나오게 못한다면, 이 사회는 어느 때까지든지 완전한 발전을 이루지 못할 것이다. 농촌 여성의 향상은 우리들의 책임임을 알아야 할 것이다. 중등 교육을 받은 우리가 화려한 도시 생활만 동경하고 안일의 생활만 꿈꾸어야 옳을 것인가, 농촌으로 돌아가 문명 퇴치에 노력해야 옳을 것인가? 거듭 말하노니 우리는 손을 서로 잡고 농촌으로 달려가자.

청소년 시절에 이미 농촌 계몽에 평생을 바치겠다고 결심한 최용신. 그는 여성 농촌 사업가로서 농촌 계몽 운동에 큰 발자취를 남긴 인물입니다.

최용신은 1909년 함경남도 덕원군 현면 두남리에서 아버지 최창희의 2남 3녀 가운데 둘째 딸로 태어났습니다.

두남리 마을은 흰 모래와 해당화로 유명한 명사십리 어귀에 있었습니다. 포플러 숲이 그림처럼 아름다운 곳입니다.

그의 고향은 이처럼 절경으로 꼽히지만, 그의 집안은 무척 가난했습니다. 할아버지가 사재를 털어 덕원에 학교를 세운 뒤부터 집안 살림이 기울기 시작하더니, 아버지 때에는 끼니를 잇기 어려울 지경에 이르렀습니다.

최용신은 열 살 때 두남 학교에 입학했다가 2년 뒤에 원산읍에 있는 루씨 여자 보통 학교로 옮겼는데, 10여 리 떨어진 학교까지 걸어 다녔습니다. 도시락을 싸 줄 형편이 못 되어 점심은 굶어야 했습니다.

루씨 여자 보통 학교와 루씨 여자 고등 보통 학교는 선교사가 운영하는 학교였습니다. 최용신은 1924년 루씨 여자 보통 학교를 최고 성적으로 졸업하고 루씨 여자 고등 보통 학교에 입학했습니다. 이 학교에서는 성경 과목도 배웠는데, 그는 성경 시험에서 늘 만점을 받아 전희균 교목 선생님을 놀라게 했습니다.
 학업 성적은 우수했지만 집안이 몹시 가난하여 최용신은 학교를 계속 다닐 수 없는 형편이었습니다. 그래서 생각다 못해 교내 도서관 일을 봐 주고 학비를 마련했습니다.
 최용신은 얼굴이 몹시 얽은 곰보였습니다. 어렸을 때 전염병인 천연두를 앓았던 것입니다.
 최용신은 루씨 여자 고등 보통 학교에 들어와서는 이렇게 마음을 정했습니다.
 '나는 결혼하지 않고 평생 혼자 살 거야. 그 대신 농촌 계몽에 평생을 바칠 거야.'
 최용신은 스스로 농촌과 결혼하겠다고 결심했습니다.
 그런데 그 해에 생각지도 않은 일이 벌어졌습니다.

최용신의 고향 마을은 일찍이 기독교 복음이 들어와서 교회가 있었습니다. 최용신은 어릴 적부터 이 교회를 열심히 다녔습니다. 그런데 어느 날, 같은 교회에 다니는 김학준이라는 청년이 최용신에게 청혼을 한 것입니다.
　"최용신 씨, 저와 결혼해 주세요."
　김학준은 오래 전부터 최용신을 마음에 두었습니다. 최용신의 아름다운 마음씨와 굳센 신앙, 총명한 지혜에 반한 것입니다.
　하지만 최용신은 그의 청혼을 그 자리에서 거절했습니다.
　"저는 결혼할 마음이 없습니다. 이미 농촌에 들어가 평생을 바쳐 농촌 계몽 운동을 하기로 결심한 몸입니다."
　김학준이 말했습니다.
　"당신의 뜻이 그렇다면 저도 농촌에 들어가 같이 살겠습니다.

당신이 농촌 계몽 운동을 잘할 수 있게 곁에서 돕겠습니다."

김학준은 자기와 결혼해 달라고 끈질기게 졸랐습니다.

최용신은 생각했습니다.

'이 사람은 얼굴보다 마음을 더 중요하게 여기는구나. 결혼하면 농촌에 들어가 살며 내 일을 도와준다고 했어.'

최용신은 이런 정도의 남자라면 청혼을 받아들여도 좋을 것 같았습니다.

그는 며칠 뒤에 김학준을 다시 만나 이렇게 말했습니다.

"당장은 결혼할 수 없습니다. 농촌 지도자가 되려면 좀더 공부를 해야 하거든요. 실력을 갖춰 농촌에 들어가기 전까지는 결혼식을 미루도록 하지요."

최용신의 뜻에 따라 두 사람은 약혼만 했습니다. 그리고 결혼식은 10년 뒤로 미루었습니다.

1928년 루씨 여자 고등 보통 학교를 졸업한 최용신은 이듬해에 서울에 있는 협성 여자 신학교에 들어갔습니다. 이 학교는 일 년 뒤에 남녀 공학인 '협성 신학교'로 바뀌는데, 협성 신학교가 바로 지금의 감리교신학대학입니다.

최용신은 약혼자인 김학준에게도 공부를 권했습니다. 그래서 김학준을 일본으로 유학을 보냈습니다.

최용신은 신학교에서 좋은 스승을 만났습니다. 농촌 계몽 운동을 벌이는 황에스더 선생님이었습니다. 농촌 사업 지도 교육과 교수인 그는 황해도 수안군 천곡면 용현리를 농촌 사업장으로 개척하고 있었습니다.

최용신은 동기생인 김노득과 그곳으로 농촌 실습을 떠났습니다. 40가구 3백여 명의 주민이 사는 산골 마을에서 이들은 주민들에게 한글을 가르치고 틈틈이 농사일을 도와주었습니다.

의욕을 갖고 시작했지만 농촌 활동은 생각보다 너무 힘들었습니다. 그래서 최용신은 김노득을 남겨 둔 채 혼자 그곳을 떠나오고 말았습니다.

'내가 농촌 현실을 너무 몰랐어. 힘들더라도 몸을 아끼지 말고 일해야 하는 건데.'

최용신은 학교로 돌아와 스스로를 반성했습니다.

그가 두 번째로 농촌 실습을 한 곳은 경상북도 포항읍 옥마동이었습니다. 이곳에서의 활동은 용현리에서의 실패가 좋은 경험이 되었습니다. 최용신은 농민들의 사랑을 받으며 농촌 활동을 성공리에 마칠 수 있었습니다.

'농촌 사업은 어렵고 힘들면서도
무척 보람된 일이로구나.
앞으로는 더욱 잘할 수 있겠어.'

최용신은 농촌 사업에 대해 자신감을 얻었습니다.

1931년 그는 협성 신학교를 그만두었습니다. 졸업까지는 일 년이 남았지만, 일본에서 공부하는 약혼자의 학비를 마련하기에도 벅차기 때문이었습니다.

그 해 10월, 최용신에게 좋은 기회가 왔습니다. 여자 기독 청년회(YWCA)에서 경기도 화성군 반월면 샘골(지금의 경기도 안산시 본오동)에 파견해 농촌 사업 운동을 벌일 지도자를 찾고 있었는데 그가 적임자로 뽑힌 것입니다.

샘골은 수인선(수원-인천선) 기차를 타고 가다가 일리역에서 내려 수원 방향으로 5리쯤 걸어가면 나오는 작은 마을이었습니다. 20가구가 사는데 일찍이 기독교 신앙이 들어와 예배당이 있었습니다.

최용신은 샘골에 온 다음 날부터 여러 마을을 찾아다니며 인사를 했습니다.

"안녕하세요? 저는 마을이 발전하는 데 조금이나마 힘을 보태려고 샘골에 왔습니다. 잘 부탁드립니다."

그러나 주민들의 반응은 시큰둥했습니다.

"흥, 농촌 사업을 하러 왔단 말이지? 날고 기는 남자들도 농촌에 와서 별 성과를 못 내고 보따리를 싸는데, 너 같은 여자아이가 무슨 일을 하겠냐? 어디 얼마나 오래 버티나 두고 보자."

모두들 이렇게 말하며 최용신을 비웃었습니다.

그러나 최용신은 주민들의 반응에 굴하지 않고 10월 11일에 샘골 예배당을 빌려 강습소를 열었습니다. 그리하여 한글, 산술, 성경, 노래, 수예, 가사, 재봉 등을 아이들에게 가르쳤습니다.

처음에는 몇 명 되지 않았지만 날이 갈수록 아이들이 늘어났습니다. 나중에는 그 많은 아이들을 한꺼번에 받을 수 없어 오전반, 오후반, 야간반으로 나누어 가르쳐야 했습니다.

야간반은 아주머니, 총각에 할머니까지 왔습니다. 이들은 처음엔 신식 곰보 여자 선생님을 구경하러 왔다가 한글을 배우는 학생이 되었습니다.

날이 갈수록 최용신은 마을 사람들에게 호감을 얻었습니다. 누구에게나 공손하고 상냥하며 친절하게 대했기 때문입니다.

최용신은 틈만 나면 농민들의 집을 찾아가 친교를 나누고 그들의 이야기를 들어 주었습니다. 또한 기독교 복음을 쉽고도 재미

있게 전했습니다. 마을 사람들은 이제 최용신을 아끼고 존경하게 되었습니다. 조건 없는 봉사 정신과 성실함, 그리고 착한 마음씨에 반해 버린 것입니다.

1932년 5월, 샘골(천곡) 강습소는 정식으로 창설 인가를 얻었습니다. 그렇지만 나날이 학생들이 늘어나 오전반, 오후반, 야간반으로 나누어 가르쳐도 학생들을 모두 수용할 수 없었습니다.

'예배당이 너무 좁아서 학생들을 제대로 가르칠 수가 없구나. 아무래도 학원을 새로 지어야겠어. 하지만 나한테는 돈이 없으니……'

최용신은 땅이 꺼져라 한숨을 쉬었습니다.

'내 힘으로는 해결할 수 없는 문제야. 하느님께 부탁드려 보자.'

최용신은 그 날부터 날마다 하느님께 기도했습니다.

"하느님, 샘골 강습소 건물을 새로 지을 수 있게 해 주십시오. 제 간절한 소원입니다."

1932년 8월 한가위, 민족의 명절인 추석날이었습니다. 최용신은 샘골 강습소에서 '추석맞이 학예회'를 열었습니다. 아이들이 어른들 앞에서 노래, 연극, 무용, 웅변 등을 선보인 것입니다. 어른들은 난생 처음 보는 학예회에 벌린 입을 다물지 못했습니다.

"우리 애들이 언제 저렇게 컸지?"

"배우면 누구나 저렇게 재주꾼이 되는 모양이야."

어른들은 크게 감탄하며 우레와 같은 박수를 보냈습니다.

학예회는 밤늦게야 끝났습니다. 최용신은 마지막으로 무대에 나가 인사를 했습니다.

"학예회에 와 주셔서 감사합니다. ……여러분의 자녀들은 진흙 속에 묻힌 옥입니다. 제대로 가르친다면 광채를 내지요. 하지만 저희 교습소는 많은 학생들을 받아들일 수 없습니다. 며칠 전에도 60여 명의 아이들이 왔지만 모두 돌려보내야 했습니다."

최용신은 마을 사람들에게 강습소의 형편을 이야기했습니다. 그러자 마을 사람들은 그 자리에서 샘골 학원 건축 모임을 만들었습니다. 그리고 모금 운동을 하여 3백 원을 모았습니다.

건축비로는 턱없이 부족했지만 최용신은 학원 공사를 시작했습니다. 샘골 뒷동산 솔밭에서 학원 터를 닦기 시작한 것입니다.

최용신은 아이들과 나무섶을 이어 나르고, 더벅머리 총각들과 산에서 돌을 캐 왔습니다. 그리고 남자 여자, 어른 아이 할 것 없이 저녁마다 학원 터에 모여 외 엮기, 새끼 꼬기, 동아줄 틀기를 했습니다. 샘골 학원 건물은 이렇듯 온 마을 사람들의 땀과 수고로 1933년 1월 15일 공사를 마칠 수 있었습니다.

모자라는 공사비는 마을 사람들이 주머니를 털어 해결했습니다. 이로써 샘골 마을에는 '천곡(샘골) 강습소' 간판을 단 번듯한 학원 건물이 들어섰습니다.

그리고 둔대리에 사는 박용덕이라는 사람이 1,530평의 땅을 내놓아 널찍한 운동장까지 갖추게 되었습니다.

1933년 7월 13일이었습니다. 최용신은 일본 경찰 주재소에 불려갔습니다.

일본인 순사는 눈을 부릅뜨고 말했습니다.

"샘골 강습소가 비좁으니 60명 이상은 받지 마시오. 알겠소?"

날벼락 같은 조치였습니다. 일본 경찰은 최용신이 아이들에게 민족 정신과 기독 신앙을 심어 주는 교육을 하자 탄압을 시작한 것입니다.

최용신은 눈물을 머금고 50명의 아이들을 내보내야 했습니다.

샘골에서 최용신은 단 하루도 쉬지 않았습니다. 오전반, 오후반, 야간반 수업을 마치면 야목리까지 10리 길을 걸어가 그곳 강습소에서 또 야학을 했습니다. 집에 돌아오면 첫 닭이 홰를 쳤습니다.

이렇게 날마다 무리해서 일하니 몸에는 피로가 쌓이고 중병이 찾아왔습니다. 최용신은 1934년 봄에 일본으로 유학을 떠나 고베 신학교 사회 사업학과에 입학했는데, 심한 각기병으로 반 년 만에 돌아와야 했습니다.

그러나 최용신은 샘골로 와서 병을 치료하는 중에도 아이들을 계속 가르쳤습니다. 학부형들이 아무리 말려도 듣지 않고 이렇게 말했습니다.

"샘골과 조선을 위해 일하라고 생긴 몸입니다.
그렇게 일하다가 죽은들 무엇이 슬프겠습니까?"

최용신은 날마다 강행군을 하다가 병세가 악화되었습니다. 1935년 창자가 창자 속으로 뒤집혀 들어가는 장중첩증으로 수술을 두 번이나 받았으며, 화농 복막염까지 겹쳐 1935년 1월 23일 오전 0시 20분 27세의 젊은 나이로 세상을 떠났습니다.
최용신은 다음과 같은 유언을 남겼습니다.

나는 갈지라도 사랑하는 천곡(샘골) 강습소를 영원히 경영하여 주시오.

김 군(김학준)과 약혼한 후 10년 되는 1934년 4월부터 민족을 위하여 사업을 같이하기로 하였는데, 살아나지 못하고 죽으면 어찌하나.

샘골 여러 형제를 두고 어찌 가나.

애처로운 우리 학생들의 진로를 어찌하나. 애처로운 우리 학생들의 진로를 어찌하나.

어머님을 두고 가매 몹시 죄송하다.

내가 위독하다고 각처에 전보하지 마라.

유골을 천곡 강습소 부근에 묻어 주오.

　최용신이 숨을 거두기 전에 남긴 유언은 샘골 교회 전재풍 목사가 기록하였는데, 그 원본이 현재 독립 기념관에 전시되어 있습니다.
　소설가 심훈은 샘골을 무대로 소설 〈상록수〉를 썼는데, 여주인공 채영신은 최용신을 모델로 한 것이라고 합니다.
　짧은 생애지만 평생을 농촌 계몽에 앞장선 최용신. 그 숭고한 정신은 그의 유언을 통해, 또 소설을 통해 오늘에까지 전해지고 있습니다.

종교인 편

한국 천주 교회의
첫 여성 순교자

강완숙

1761~1801, 한국 천주 교회 초창기의 순교자. 세례명은 골롬바. 충청남도 내포 지방의 양반 집안에서 태어나, 덕산에 사는 홀아비 홍지영에게 시집을 갔다. 남편의 친척으로부터 천주교 이야기를 듣고 이단원의 전도를 받아 천주교에 입교했다. 1791년 신해박해 때 감옥에 며칠 갇혔으며, 이후 남편과 헤어져 시어머니와 전처의 아들 홍필주, 그리고 딸을 데리고 서울로 올라왔다. 1794년 주문모 신부가 중국에서 오자, 그를 도와 교회 일을 열심히 했다. 1795년 주문모 신부에 대한 체포령이 내려지자, 신부를 6년 동안 자기 집에 숨겨 주었다. 여신도 회장에 임명되어 많은 여성들을 입교시켰으며, 교인 수는 점점 늘어 1만 명에 이르렀다. 1801년 신유박해 때 붙잡혀 서울 서소문 밖 형장에서 순교했다.

"**천주라면** 중국 경서에서 '상제'라 일컫는 그분입니까?"

"그렇습니다. 하늘과 땅과 사람을 비롯한 모든 만물을 지으신 분이지요. 만민의 아버지가 천주이십니다."

1786년의 어느 날, 충청도 덕산 땅에 사는 양반집 부인 강완숙은 이단원이라는 사람과 이야기를 나누고 있었습니다. 이단원은 충청도 지방을 돌아다니며 활발하게 전도 활동을 하는 천주교 신자였습니다.

강완숙은 얼마 전 남편 홍지영의 친척으로부터 천주교 이야기를 들었습니다. 그것은 난생 처음 들은 이야기로서 그에게는 큰 충격이었습니다.

'천주라면 하늘과 땅의 주인 아닌가? 천주가 있어 그걸 믿는 종교라면 그 교리는 분명 진리일 것이다.'

이렇게 생각한 강완숙은 남편의 친척을 통해 이단원을 만났습니다. 이단원은 '충청도의 사도'라고 불리는 신자답게 강완숙에게 천주교에 대해 알기 쉽게 설명하고 책 한 권을 건네주었습니다. 그 책은 바로 중국 북경에 머물러 있던 천주교 신부 마테오 리치가 펴낸 〈천주실의〉로, 당시 사람들에게는 낯선 천주교 교리를 자세히 소개한 책이었습니다.

강완숙은 〈천주실의〉를 집에 가져와 단숨에 읽었습니다. 그러자 의심의 안개가 말끔히 걷히고 진리의 바다가 눈에 보이는 듯했습니다.

'내가 짐작한 대로 천주교는 천주를 믿는 참된 진리의 종교로구나. 이 위대한 복음을 나 혼자 믿지 말고 이웃들에게 전해야겠다. 천주께서 조선 땅 시골 구석에 사는 내게까지 찾아와 복음의 빛을 비춰 주셨으니, 그 빛을 세상에 널리 전하는 거야.'

마른 땅에 단비가 스며들 듯, 그의 심령에는 신앙이 들어갔습니다. 그리하여 천주교를 받들고 이웃들에게 복음을 전하기 시작했습니다. 워낙 부지런하고 믿음이 좋았기 때문에 자기네 마을뿐 아니라 여러 마을을 다니며 열성적으로 전도를 했습니다.

강완숙은 남편에게도 신앙을 권했습니다. 그러나 남편 홍지영은 그의 말을 듣지 않았습니다.

강완숙은 홍지영의 두 번째 부인이었습니다. 1761년(영조 37년) 충청도 내포 지방의 양반 집안에서 태어난 그는 덕산에 사는 홀아비 홍지영에게 시집을 갔습니다. 강완숙은 홍지영과의 사이에 딸 하나를 낳았는데, 남편과는 마음이 맞지 않았습니다. 자신은 총명하고 성격이 활달한 반면, 남편은 줏대가 없고 속이 좁았던 것입니다.

남편과의 사이는 좋지 않았지만 시어머니와 전처의 아들 홍필주는 강완숙을 믿고 따랐습니다. 강완숙은 그동안 남편보다는 시어머니와 홍필주에게 정을 붙이고 살아왔습니다. 그러던 중 천주교 신앙을 갖게 되었으니, 강완숙은 하루하루가 기쁘고 즐거웠습니다.

그러던 어느 날이었습니다. 천주교 신자들에게 큰 시련이 닥쳤습니다. 나라에서는 천주교를 믿는다는 이유로 사람들을 잡아들여 고문을 하고 죽이기까지 한 것입니다. 1791년 신해년에 일어난 이 사건을 '신해박해'라고 합니다.

신해박해의 실마리가 된 것은 조상 제사 문제로 비롯된 윤지충과 권상연의 순교였습니다.

전라도 진산 땅에 사는 선비 윤지충은 영세를 받은 천주교 신자였습니다. 그런데 자신의 어머니가 돌아가시자 장사 때 위패(죽은 사람의 이름을 적은 나무 패)도 만들지 않고 제사도 지내지 않았습니다. 그의 외사촌 형인 권상연 역시 이를 본받아 제사를 지내지 않았습니다. 그러자 친척과 이웃들은 벌떼같이 일어나서 윤지충과 권상연을 비난했습니다.

"위패도 모시지 않고 제사도 지내지 않아? 천하에 못된 불효자들이네."

이 소문은 온 고을에 퍼져 관가에까지 알려졌습니다. 그리하여 윤지충과 권상연은 전주 감영에 갇히는 신세가 되었습니다.

그들이 위패도 만들지 않고 제사도 지내지 않은 것은, 천주교에서는 이를 미신으로 여겨 금하기 때문입니다.

전라 관찰사 정민시는 천주교 신앙을 버리라며 이들에게 혹독한 고문을 했습니다. 그러나 이들은 이렇게 말하며 자신들의 신앙을 지켰습니다.

"위패는 목수가 만든 나무토막에 지나지 않습니다. 그런데 어떻게 이것을 부모라고 섬기겠습니까? 제사만 해도 그렇습니다. 아무리 효자라고 해도 부모가 주무실 때는 음식을 드리지 않습니다. 하물며 죽음의 긴 잠에 들어 있는 부모에게 어떻게 음식을 드릴 수 있겠습니까? 그것은 허례허식에 지나지 않습니다. 저희들은 천주교를 믿는 신자입니다. 천주교에서는 위패와 제사를 금하므로, 그 계명을 따르지 않을 수 없습니다."

윤지충과 권상연은 결국 사형을 당했습니다. 1791년 11월 13일의 일로, 이들은 한국 천주 교회의 첫 순교자가 되었습니다.

당시에 조정에서는 오래 전부터 남인, 북인, 노론, 소론으로 나뉘어 당파 싸움을 했습니다. 그런데 이들은 다시 벽파와 시파로 갈라졌습니다. 영조 임금 때는 세자가 뒤주에 갇혀 죽는 사건이 벌어졌는데, 세자를 죽여야 한다고 주장한 무리는 벽파, 그것을 반대한 무리는 시파라고 불렸습니다. 그 사도 세자의 아들인 정조는 임금이 되자 아버지의 원수인 벽파를 몰아내고 시파의 우두머리인 채제공을 중요한 자리에 임명했습니다.

당시에 천주교에 발을 들여놓은 선비들은 대부분 남인 시파 사람들이었습니다. 이가환, 이승훈, 정약용 등이 그들인데, 정조로부터 남다른 신임을 받고 있었습니다.

벽파 사람들은 이들을 시기하여 몰아낼 궁리를 하고 있었습니다. 그러던 차에 윤지충, 권상연 사건이 터졌으니 절호의 기회였습니다. 홍낙안을 비롯한 벽파 사람들은 윤지충, 권상연을 처형하고 천주교를 믿는 무리들을 잡아 없애라는 상소문을 임금에게 계속 올렸습니다. 그리하여 윤지충, 권상연이 처형된 뒤에는 전도에 힘쓰던 권일신이 붙잡혀 귀양 갔다가 숨졌으며, 이단원 등 여러 사람이 잡혀 들어가 혹독한 고문을 당했습니다.

이때 강완숙은 감옥에 갇혀 고생하는 교인들을 외면할 수 없었습니다. 그래서 옥바라지를 하려고 음식을 만들어 광주리에 담아 들고 금영(충청 감사가 직무를 보던 관아)으로 찾아갔습니다.

"너는 누구냐? 보아하니 천주학쟁이로구나."

강완숙은 감옥을 지키는 포졸들에게 붙잡히고 말았습니다. 그는 며칠 동안 감옥에 갇힌 뒤 홍주 목사에게 불려갔습니다.

"양반집 여인이 천주교를 믿어서야 되겠는가? 감옥에서 내보내 줄 테니 다음부터는 여기에 얼씬도 하지 말라."

홍주 목사는 강완숙의 신분을 알고는 얼른 풀어 주었습니다. 당시에는 양반집 여자는 형벌을 받지 않고 그 남편이나 아버지가 대신 받게 되어 있었던 것입니다.

강완숙이 집으로 돌아오자 남편 홍지영은 두려움에 떨었습니다.

'아내가 천주교를 믿어 나라의 법을 어기니, 언젠가는 내가 아내 대신 감옥에 갇히겠구나. 내가 억울하게 그런 고생을 할 수는 없지. 아내와 헤어져야겠다.'

홍지영은 이렇게 결심하고 강완숙에게 자신의 뜻을 전했습니다.

강완숙이 말했습니다.

"좋을 대로 하세요. 저는 여기를 떠나 서울로 올라가겠어요."

강완숙은 남편과 헤어지기로 하고 자신의 짐을 꾸렸습니다.

전처의 아들인 홍필주가 말했습니다.

"저는 어머니와 헤어지기 싫어요. 저도 어머니를 따라가겠어요."

"나도 며느리와 함께 살련다. 같이 서울로 가자."

시어머니조차 강완숙을 따라가겠다고 나섰습니다. 그리하여 강완숙은 시어머니와 홍필주, 그리고 자신의 딸을 데리고 서울로 이사했습니다.

서울에도 많은 교인들이 신앙 생활을 하고 있었습니다. 이들은 함께 모여 기도하고 천주를 찬미했습니다.

이들에게는 한 가지 간절한 소원이 있었습니다. 조선에도 신부를 맞아들여 정식으로 미사를 드리고 세례 성사와 고해 성사를 받는 것이었습니다.

"중국 북경의 천주 교회에 사람을 보내 우리나라에 신부를 보내 달라고 합시다."

교인들은 이렇게 의견을 모아 윤유일과 지황을 북경의 알렉산더 구베아 주교에게 보냈습니다.

"좋습니다. 조선 교회에 신부를 꼭 보내겠습니다."

구베아 주교는 두 사람을 반갑게 맞이하며 이들의 청을 받아들였습니다.

강소성 소주에는 주문모라는 신부가 있었습니다. 그는 어려서 부모를 여의고 천주교를 믿어 북경 교회 신학교에서 신학을 공부하여 신부가 되었습니다.

구베아 주교는 그를 조선에서 선교 활동을 할 선교사로 임명했

습니다.

주문모 신부는 1794년 12월 23일 윤유일과 지황의 안내로 얼어붙은 압록강을 한밤중에 건넜습니다. 그는 조선옷을 입고 머리도 조선 사람처럼 바꾸었습니다. 그리고는 낮에는 산 속에 숨고 밤에만 걸어 12일 만에 서울에 도착했습니다.

"어서 오십시오. 오시느라 고생 많으셨습니다."

"신부님을 환영합니다."

주문모 신부를 맞이한 교인들은 기쁨을 감추지 못했습니다. 한국 천주교 역사상 최초의 외국인 사제를 모셔 오는 데 성공했기 때문입니다.

주문모 신부는 북촌(지금의 계동) 역관 최인길의 집에 여장을 풀었습니다. 그리고는 부활 주일 아침에 미사 성제를 올렸습니다. 이것이 한국 천주교 최초의 미사 성제였습니다.

주문모 신부는 낮에는 조선말을 배우고 밤에는 미사 성제, 영세, 고백 성사 등을 했습니다. 그리고 명도회라는 신앙 모임을 만들어 정약종을 회장에 임명했습니다. 정약종은 진주 목사 정재원의 아들이며 정약용의 셋째 형이었습니다. 신앙심이 깊어 한문을 모르는 교인들을 위해 한글 교리 책인 〈주교요지〉를 썼습니다.

강완숙은 주문모 신부를 도와 교회 일을 열심히 했

습니다. 그는 주문모 신부에게 세례를 받았는데 세례명이 '골롬바'였습니다.

주문교 신부가 서울에 와 있다는 소식이 알려지자, 교인들은 신부를 만나고 싶어했습니다.

특히 여자 교인들은 신부를 더 만나고 싶어했습니다. 교인들에게는 신부가 태양 같은 존재였던 것입니다.

주문모 신부와 여자 교인들의 만남은 강완숙을 통해 이루어졌습니다. 자리가 마련되면 최인길이 참석하여 통역을 했습니다.

하루는 여자 교인 한 사람이 찾아와서 말했습니다.

"신부님, 저의 오라버니를 만나 주십시오. 오라버니는 옛날에 저와 같이 믿음 생활을 했는데 지금은 신앙을 버렸습니다. 그러니 오라버니를 잘 다독여 신앙을 되찾게 해 주십시오."

"알겠습니다. 다음에는 오라버니를 모시고 오세요."

며칠 뒤 여자 교인은 오라버니를 데리고 왔습니다. 오라버니의 이름은 한영익이었습니다. 주문모 신부는 한영익에게 다시 믿음 생활을 하라고 좋은 말로 타일렀습니다. 그러자 한영익은 뜻밖에도 머리를 숙이며 말했습니다.

"예, 잘 알겠습니다. 앞으로는 교회에 열심히 나와 착실한 일꾼이 되겠습니다."

그러나 한영익은 속으로는 다른 생각을 하고 있었습니다.

'중국인 신부를 관가에 고발하면 상금을 두둑이 주겠지? 아니면 벼슬자리를 주든가.'

한영익은 곧바로 포도청을 찾아가 포교(포도부장)에게 고해바쳤습니다.

"중국인 신부가 조선에 숨어 들어와 있습니다. 수염을 텁수룩이 길렀습니다."

한영익은 포교에게 신부가 숨어 있는 곳과 신부의 모습을 자세히 알려주었습니다.

그러자 포교는 이 사실을 동료 포교들에게 알리고 포도대장에게 보고했습니다. 포도대장은 형조판서와 임금에게 아뢰어 곧 주문모 신부를 잡아들이라는 어명이 내려졌습니다.

그런데 동료 포교 가운데는 천주교를 믿다가 역질(천연두)에 걸려 죽은 이벽이라는 사람의 동생인 이석이 있었습니다. 이석은 조정에서 주문모 신부를 잡아들이려 한다는 소식을 천주교인들에게 알렸습니다.

강완숙은 주문모 신부를 찾아와 말했습니다.

"신부님, 빨리 피하셔야 합니다. 신부님에 대한 체포령이 내려졌다고 합니다."

강완숙은 주문모 신부를 자기 집으로 데려가 나무 곳간 속에 숨겨 주었습니다.

포졸들이 최인길의 집에 들이닥쳤을 때는 이미 주문모 신부가 피신한 뒤였습니다.

이때 최인길은 머리를 자르고 중국인 옷을 입은 채 안방에 앉아 있었습니다.

'신부님이 잡히면 안 된다. 내가 신부님 행세를 하여 신부님 대신 죽자. 그것이 우리 조선 천주 교회를 살리는 길이다.'

최인길은 포졸들이 안방 문을 박차고 들어오자, 역관답게 유창한 중국말로 맞이했습니다.

"네놈이 중국인 신부지? 포도청에 가자."

포졸들은 최인길을 주문모 신부인 줄 알고 오랏줄로 묶어 포도청으로 끌고 갔습니다.

"중국인 신부는 수염을 텁수룩이 길렀다고 했다. 이 사람은 수염이 없잖아."

"한영익을 데려오면 확실히 알 수 있지."

그리하여 최인길은 가짜 신부라는 것이 들통 났고, 심한 고문을 당했습니다. 곧이어 주문모 신부를 서울로 데려왔던 윤유일과 지황도 붙잡혀 왔습니다. 이들 세 사람은 혹독한 매질과 고문을 받은 끝에 사형을 당해, 그 시체가 한강변에 버려졌습니다. 이때가 1795년 5월 12일이었습니다.

강완숙은 주문모 신부를 나무 곳간 속에 석 달 동안 숨겨 주었습니다. 식구들에게는 비밀로 한 채 아침 저녁으로 식사를 날라다 주었습니다.

하지만 언제까지나 식구들에게 비밀로 하고 신부를 나무 곳간 속에 가둬 둘 수는 없었습니다.

강완숙은 시어머니의 마음을 움직여 보려고, 날마다 시어머니 앞에서 울면서 탄식했습니다. 음식을 전연 먹지 않고 잠도 자지 않았습니다. 시어머니는 며느리가 걱정되어 이렇게 물었습니다.

"무슨 근심거리가 있니? 속 시원히 털어놓아 보아라. 그러다가 죽기라도 하면 어쩌려고 그러니."

강완숙이 눈물을 그치고 대답했습니다.

"신부님 일 때문에 그렇습니다. 만약에 신부님이 어머니 앞에 나타나면 그분을 집 안에 모시겠습니까? 어머니가 허락하시면 저는 예전처럼 마음의 평화를 얻을 것입니다. 그리고 돌아가시는 그 날까지 어머니를 정성을 다해 섬기겠습니다."

시어머니가 말했습니다.

"나는 너를 잃을까 봐 겁난다. 내가 너 없이 어떻게 이 세상을 살아가겠니? 네가 원하는 대로 해라."

"고맙습니다, 어머니."

강완숙은 크게 기뻐하며 그제야 주문모 신부를 사랑방으로 모셨습니다.

이때부터 주문모 신부는 강완숙의 집에서 6년 동안 지내며 선교 활동을 계속했습니다.

주문모 신부는 강완숙을 여신도회장으로 삼아 여성들에 대한 전도를 맡겼습니다. 강완숙은 여기저기 부지런히 돌아다니며 많은 여성들을 신자로 만들었습니다. 뒷날 왕위에 오른 철종 임금의 조부 되는 은언군의 처 송씨와 그의 며느리 신씨에게 교리를 가르쳐, 주문모 신부에게 영세를 받게 한 일도 있었습니다.

강완숙은 전도에 그치지 않고 자신의 집에서 전도사들도 길러 냈습니다. 오갈 데 없는 믿음 좋은 여성들을 집으로 불러들여, 밤마다 천주교 교리와 순교자 전기 등을 가르쳤습니다. 그리고 낮에는 이들에게 방물장수 행세를 하면서 마을을 돌며 전도를 하고, 교인들을 만나 천주교 교리, 교회 소식 등을 전하게 했습니다.

강완숙의 집에서 지낸 지 3년이 되었을 때 주문모 신부가 말했습니다.

"이제부터는 지방으로 전도 여행을 떠나야겠소. 국내 사정도 어지간히 알게 되었으니 말이오."

"어디를 다녀오시겠습니까?"

"충청도와 전라도 지방을 두루 다녀야겠소. 전라도 전주에 있는 신도 유항검의 집에도 가 봐야겠고……."

"그러시다면 상제가 밖에 나갈 때 쓰는 방갓을 쓰고, 상제가 입는 삼베옷을 입고 다니십시오. 상복을 입은 행인에게는 함부로 말을 걸지 않거든요."

"그거 좋은 생각이오. 나는 아직 조선말이 서투르니까 말이오."

주문모 신부는 강완숙이 일러 준 덕분에 무사히 전도 여행을 마칠 수 있었습니다.

주문모 신부와 강완숙이 전도에 힘쓴 결과 교인 수는 점점 늘어났습니다. 주문모 신부가 조선에 왔을 때 4천 명이던 교인은 5년 만에 1만여 명에 이르렀습니다.

그러나 천주교를 동정하던 시파의 우두머리 채제공과 정조가 세상을 떠나자, 벽파가 정권을 쥐게 되었습니다. 순조가 열한 살의 나이로 왕위에 올라 대왕대비 김씨가 수렴청정(임금이 어린 나이로 즉위하였을 때 왕대비나 대왕대비가 임금을 대신하여 정사를 돌보던 일)을 하게 되자, 벽파는 남인 시파의 세력을 꺾으려고 천주교에 대한 박해를 시작한 것입니다.

1801년(순조 1년) 정월 10일, 대왕대비 김씨는 사학(천주교) 금지령을 내렸습니다. 천주교를 믿는 사람들을 반역죄로 다스리겠다는 것이었습니다. 이렇게 해서 일어난 것이 신유박해입니다.

조정에서는 천주교 신자들을 뿌리째 없애려고 '오가작통법'을 실시했습니다. 오가작통법은 5호(다섯 집)를 1통으로 만들어 그 우두머리인 통수가 다른 집을 감시하게 함으로써 천주교가 퍼지는 것을 막으려고 한 법이었습니다. 천주교 신자가 한 집이라도 나오면 나머지 네 집도 벌을 받는 아주 무서운 법이었습니다. 이 오가작통법을 동원한 수색으로 수많은 교인들이 붙잡혔습니다.

강완숙도 홍필주와 함께 잡혀 감옥으로 끌려갔습니다. 이때가 1801년 2월 28일이었습니다.

"주문모 신부를 어디로 빼돌렸나? 어서 말해 봐."

"나는 모른다."

강완숙은 온갖 고문을 받으면서도 끝까지 모른다고 버텼습니다. 하지만 같이 끌려간 강완숙의 여종이 매에 못 이겨 털어놓았습니다.

"신부님은 우리 집 사랑방에 계십니다."

포졸들은 강완숙의 집을 덮쳤습니다. 그러나 이때 주문모 신부는 포위망을 뚫고 중국으로 돌아가고 있었습니다.

주문모 신부가 국경 지대에까지 갔을 때였습니다. 하늘에서 천주의 목소리가 들렸습니다.

"네가 지금 신자들을 버리고 어디로 가고 있느냐?"

주문모 신부는 그 자리에 무릎을 꿇었습니다.

"제가 잘못했습니다. 신자들에게 돌아가겠습니다."

주문모 신부는 서울로 돌아와 제 발로 의금부를 찾아갔습니다.

"내가 주문모 신부요."

주문모 신부는 1801년 4월 19일 새남터 연무장에서 두 귀가 화살로 꿰인 채 사형을 당했습니다. 주문모 신부의 목이 떨어지자, 하늘에서는 우레 소리와 벼락이 내렸다고 합니다.

강완숙은 1801년 7월 3일 네 명의 여자 신도와 함께 서소문 밖 형장으로 끌려갔습니다.

강완숙은 처형을 당하기 전에 형리에게 말했습니다.

"우리는 여자이니 웃옷을 벗기지 말고 죽게 해 주시오."

형리는 강완숙의 뜻을 받아들였습니다. 그래서 옷을 입은 채 십자 성호를 긋고는 사형을 당했습니다. 한국 천주 교회의 첫 여성 순교자가 탄생하는 순간이었습니다.

강완숙은 한국 교회사뿐 아니라 한국 여성사에서도 빠짐없이 거론되는 혁명적인 여성입니다.

비행사 편

일제시대
전설적인 여자 비행사

박경원

1897~1933, 우리나라 최초의 여자 비행사. 어릴 적 이름은 박원통. 대구부 덕산정에서 아버지 박덕이, 어머니 장두례의 다섯째 딸로 태어났다. 명신 여학교를 졸업하고 신명 여학교 고등과에 입학했다가 2학년에 그만두었다. 그리고 일본으로 건너가 요코하마의 가사하라 공예 강습소에서 머물다가, 고향으로 돌아와 자혜의원 조산부 간호부과에 들어갔다. 이때부터 비행사를 꿈꾸어 일본 비행 학교 교재 〈비행기 강의록〉을 구해 읽었다. 1926년 일본 비행 학교에 입학하여 비행 훈련을 받은 뒤 1927년 3등 비행사, 1928년 2등 비행사 시험에 합격했다. 1933년 8월 7일, 동경 하네다 비행장을 출발하여 고국을 향해 비행 중 시즈오카 현 쿠로다케 산 부근에서 비행기가 추락하여 죽었다.

1897년 6월 24일, 대구부 덕산정(지금의 대구 직할시 중구 덕산로) 63번지에서는 아기 울음소리가 울려 퍼졌습니다. 방금 아기가 태어난 것입니다.

목공 일을 하는 박업이는 가슴을 두근거리며 방문이 열리기를 기다렸습니다.

'아들일까 딸일까? 꼭 아들이어야 하는데.'

그에게는 지금 태어난 아기 말고 네 명의 자식이 있었습니다. 모두 딸이었습니다.

첫째 딸 남수, 둘째 딸 감이, 셋째 딸 소감이를 낳고 나서 그는 넷째는 틀림없이 아들일 줄 알았습니다. 하지만 낳고 보니 또 딸이었습니다. 박업이는 섭섭한 마음을 감출 수가 없었습니다. 그래서 넷째 딸은 '섭섭한 아이'라고 해서 '협협이'라고 지었습니다. 한자로 하면 '俠俠伊'인데 차자(글자의 뜻과는 관계없이 한자의 음이나 훈을 빌려 우리말의 음을 나타낸 글자)였습니다.

'다섯째는 아들일 거야. 주사위로 던져도 지금은 아들이 나올 확률이잖아.'

박엄이가 이렇게 마음을 졸이고 있을 때 방문이 덜컥 열렸습니다. 그는 산파 할머니에게 다짜고짜 물었습니다.

"아들이요 딸이요?"

산파 할머니는 힘없이 대답했습니다.

"딸이요."

순간, 박엄이는 마당에 털썩 주저앉았습니다.

"다섯째도 딸이라고? 이럴 수가!"

그는 분하고 원통했습니다. 하느님이 원망스럽기만 했습니다. 박엄이는 자신의 심정을 담아 다섯째 이름을 지었습니다. 너무너무 원통하다고 '원통'이라고 말입니다.

박원통. 이 이름은 그대로 호적에 올라갔습니다. 하지만 출생 신고를 늦게 하여 생년월일은 1901년 6월 24일이 되었습니다.

원통이라는 이름은, 아이가 자라 학교에 다니게 되면서 친구들에게 놀림감이 되었습니다.

"원통아, 뭐 하니? 분하고 원통하여 화내고 있니?"

"원통이는 좋은 일이 하나도 없을 거야. 모두 원통한 일뿐일걸."

원통은 자신의 이름이 싫었습니다. 하필이면 이름을 원통이라고 지어 놀림을 당하게 하는지 아버지가 원망스러웠습니다.

원통은 명신 여학교를 다녔습니다. 명신 여학교는 1910년 대한 애국부인회 대구 지부에서 세운 학교였습니다. 이 학교에서는 보통 학교 과정을 일본어로 가르쳤습니다. 원통은 1916년 이 학교를 졸업하고 신명 여학교 고등과에 입학했습니다.

'아이들에게 놀림을 받지 않으려면 이름을 바꾸어야 해.'

이렇게 생각한 원통은 아버지를 졸라 이름을 바꾸었습니다. 박경원(朴敬元). 일 년 전부터 다니는 남성리 예배당의 목사님이 지어 주신 이름이었습니다.

"공경 경에 처음 원, 하느님을 공경하는 처음 마음을 품고 평생을 살아야 한다는 뜻이다. 이 뜻을 가슴에 새기고 하느님을 공경하며 살아가거라."

"예, 목사님."

이름을 바꾸니 살 것 같았습니다. 이름을 가지고 놀리는 아이들은 이제 없었습니다.

하지만 박경원은 2학년이 되어 신명 여학교를 그만두게 되었습니다. 아버지가 몸이 아파 목공 일을 할 수 없게 되어 가정 형편이 몹시 어려워졌기 때문입니다.

이때가 1917년 여름이었습니다.

아버지는 그 무렵에 결국 세상을 떠나고 말았습니다.

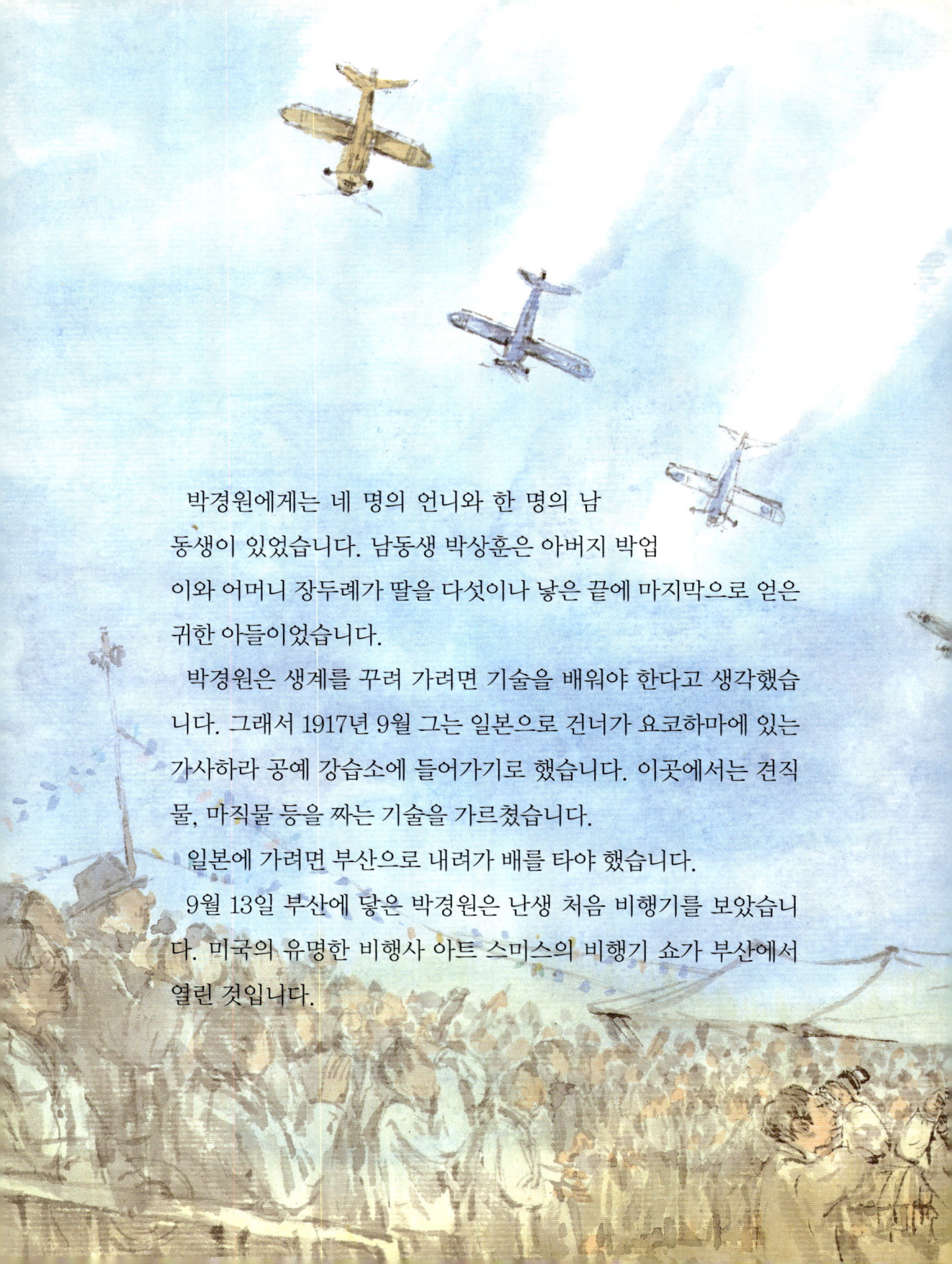

　박경원에게는 네 명의 언니와 한 명의 남동생이 있었습니다. 남동생 박상훈은 아버지 박업이와 어머니 장두례가 딸을 다섯이나 낳은 끝에 마지막으로 얻은 귀한 아들이었습니다.

　박경원은 생계를 꾸려 가려면 기술을 배워야 한다고 생각했습니다. 그래서 1917년 9월 그는 일본으로 건너가 요코하마에 있는 가사하라 공예 강습소에 들어가기로 했습니다. 이곳에서는 견직물, 마직물 등을 짜는 기술을 가르쳤습니다.

　일본에 가려면 부산으로 내려가 배를 타야 했습니다.

　9월 13일 부산에 닿은 박경원은 난생 처음 비행기를 보았습니다. 미국의 유명한 비행사 아트 스미스의 비행기 쇼가 부산에서 열린 것입니다.

비행기 쇼를 보려고 사람들이 사방에서 몰려왔습니다. 그 자리에 모인 사람들은 1만 명이 넘었습니다. 박경원은 그 사람들 틈에 끼어 곡예 비행을 구경했습니다. 요란한 소리를 내며 나타난 비행기는 온갖 묘기를 보여 주었습니다. 수평 비행을 하다가 별안간 뚝 떨어지는가 하면, 날개를 흔들며 날기도 하고, 여러 차례 공중 회전을 했습니다.

박경원은 비행기에서 눈을 떼지 못했습니다. 보면 볼수록 멋진 비행이었습니다.

> '아, 나도 비행기 조종사가 되어
> 하늘을 날아다니고 싶어.
> 하늘을 날 수 있다면 당장 죽어도 원이 없겠어.'

　박경원은 일본으로 떠나는 배 안에서 비행기를 몰고 다니는 자신의 모습을 떠올렸습니다. 상상만 해도 기쁘고 온몸이 떨렸습니다.
　박경원은 이때부터 비행사가 되겠다는 꿈을 가졌습니다.
　'단독 비행을 하여 일본에서 조선 땅까지 단숨에 날아올 거야.'
　일본에 도착한 박경원은 가사하라 공예 강습소에 입학했습니다. 그러나 그곳은 공예 기술을 가르치기보다 옷감을 짜는 일만 시켰습니다. 아침부터 저녁까지 쉬지 않고 일을 해야 했습니다.
　박경원은 1920년 3월 초에 고국으로 돌아왔습니다. 고향의 하늘과 땅을 다시 보니 살 것 같았습니다.
　'비행사가 되려면 비행 학교에 들어가야 한다. 하지만 비행 학교에서 공부하려면 학비가 어마어마하게 많이 든다. 나는 이제부터 학비를 마련하기 위해 돈을 벌어야 한다.'
　박경원은 가난한 집안의 처녀가 돈을 벌 수 있는 직업을 찾아보았습니다. 당시로서는 간호사가 제일이었습니다. 간호사가 되려면 간호 학교에서 공부해야 하기에, 박경원은 대구의 자혜의원 조산부 간호부과에 들어갔습니다. 이것이 지금의 경북 대학교 의과 대학 부속 간호 학교입니다.

간호부과에서는 먹여 주고 재워 주며 2년 동안 간호학을 가르쳤습니다. 학비도 한 푼 들지 않았습니다. 그 대신 간호학부를 졸업하면 한동안 자혜의원에서 간호사로 일하도록 했습니다.

박경원은 기숙사 생활을 하며 간호사 공부를 하는 것이 힘들고 고되지 않았습니다. 비행 학교에 들어가려면 돈을 모아야 하고, 돈을 벌 수 있는 직업으로 간호사를 택했기 때문입니다.

박경원은 2년 동안 간호사 공부만 하지는 않았습니다. 신문에 실린 일본 비행 학교 교재 〈비행기 강의록〉 광고를 보고는 그 책을 구해 틈틈이 공부했습니다. 그는 비행기에 대해 새로운 지식을 얻는 것이 즐겁고 재미있었습니다.

1924년 5월 자혜의원 조산부 간호부과를 졸업한 박경원은 자혜의원에서 간호사로 일했습니다. 그리고는 1925년 1월에 일본으로 건너가 동경 가마다에 있는 자동차 학교에 들어갔습니다. 자동차 운전은 비행기 조종술을 배우는 데 필요하므로 미리 익혀 둔 것입니다.

박경원은 일본에서도 출장 간호사, 자동차 운전 등의 일을 하면서 비행 학교 학비를 모았습니다.

비행 학교에서 공부하여 비행사 자격증을 따려면 2천 엔이 필요했습니다. 당시는 대학교 졸업 신입 사원의 첫 월급이 40엔이고, 집 한 채 값이 5백 엔이었습니다. 그러니 웬만큼 벌어서는 2천 엔을 모을 수도 없었습니다.

1926년 2월 1일, 박경원은 드디어 일본 비행 학교에 입학했습니다. 이 소식이 알려지자 신문 기자들은 떼 지어 몰려와 박경원을 인터뷰했습니다.

"박경원 씨, 왜 비행기 조종사가 되려는 거죠?"

기자들은 빼놓지 않고 이 질문을 던졌습니다. 박경원은 당당하고 야무지게 대답했습니다.

"거의 모든 사람들은 비행기를, 사람이 타면 떨어져 죽게 하는 요상한 물건으로 알고 있습니다. 비행기는 하늘을 날아다니는 기계인데 말입니다. 저는 반드시 비행사로 성공하여 비행기에 대한 잘못된 편견을 없애겠습니다."

신문에는 박경원이 비행 학교에 들어갔지만 비행사 자격증을 따는 데 드는 2천 엔을 아직 구하지 못했다는 그의 어려운 사정도 실렸습니다. 그러자 조선의 왕세자 이은은 이 기사를 읽고, 학부 대신을 지낸 이용직을 통해 2천 엔을 보내 왔습니다. 박경원은 이 돈으로 비행 학교에서 비행 훈련을 받아 비행사가 될 수 있었습니다. 1927년 1월 25일 3등 비행사, 1928년 7월 31일 2등 비행사 면허증을 딴 것입니다.

당시 일본에서는 1등, 2등, 3등의 비행사 등급이 있었습니다. 비행 시간이 100시간이면 1등 비행사, 50시간이면 2등 비행사, 20시간이면 3등 비행사 시험을 치를 자격을 주었습니다. 1등 비행사가 되면 영업용 비행기, 2등 비행사가 되면 비행은 자유지만 자가용 비행기, 3등 비행사가 되면 운동장 주위만 비행하는 자가용 비행기를 조종할 수 있었습니다.

여자에게는 1등 비행사 시험을 치를 자격을 주지 않았습니다. 2등 비행사가 여자로서는 최고 비행사인 것입니다.

박경원은 1928년 7월 12일, 도쿄 시부야 구 요요기 연병장에서 열린 제4회 비행 경기 대회에 참가했습니다. 이때 그는 고도 상승 경기에서 3등으로 뽑혀 2백 엔의 상금을 받았습니다.

그 무렵 다른 나라의 여자 비행사들이 시범 비행을 보여 주기 위해 다투어 일본을 방문했습니다. 박경원은 그때마다 환영 비행을 해 세계적인 비행사들과 어깨를 나란히 했습니다.

박경원은 키가 168센티나 되고 남자처럼 덩치가 컸습니다. 힘이 얼마나 센지 남자들과 씨름을 해도 결코 지지 않았습니다.

박경원은 기개가 넘치고 의분을 참지 못했습니다. 일본 사람들이 '조센진'이라고 멸시가 담긴 말을 하면 그 자리에서 상대의 뺨을 때렸습니다. 그는 일본 이름을 쓰지 않고 누구에게나 자신을 "박씨입니다. 밀양 박씨입니다."라고 소개했습니다.

비행사들이 가장 간절히 바라는 것은 비행기를 몰고 고향으로 날아가는 것이었습니다. 비행사 면허를 따면 대부분 고향 방문 비행을 하여 금의환향했습니다.

박경원 역시 고국 방문 비행의 꿈을 안고 1933년 8월 7일 오전 10시 35분, 동경 하네다 비행장을 출발했습니다. 그는 일본에서 만주까지 비행을 하는데, 도중에 고국에 들러 여의도 상공에서 시험 비행을 보여 줄 계획이었습니다.

그가 조종하는 비행기는 '파란 제비호'였습니다. 파란 제비호는 하네다 비행장의 하늘을 한 바퀴 돌고 나서 하코네 쪽으로 날아갔습니다.

그 날 기상 조건은 좋지 않았습니다. 하코네 산은 짙은 먹구름에 둘러싸여 있었습니다. 비행하기에 적당하지 않다는 것을 박경원도 알았지만 일정을 더 이상 미룰 수가 없었습니다.

하코네 남쪽을 통과한 박경원은 시즈오카 현 쿠로다케 산 부근에서 짙은 안개로 산허리에 충돌하여 비행기와 함께 추락하고 말았습니다.

그의 손목시계는 오전 11시 25분 30초를 가리킨 채 멎어 있었습니다. 꽃다운 나이, 37세였습니다.